# 社區工作方法與技巧

Methods and Techniques of Community Work

蔡宏進◎著

social work

# 序

　　撰寫本書是我人生後期的再一次自我鞭策，利用有限的時間，再對部分知識作一番探究與整理。也因教課的需要，覺得無書不如有書，乃下定決心撰寫。經由將擬定的全書綱要送請出版社指教，獲得揚智文化事業股份有限公司回應，同意出書。我乃加緊腳步，更加努力撰寫。

　　撰寫本書的基本目的有二：其一是提供修讀本課程的學生對所學目標與內容有較清晰的認識；其二是供給用書的學生及其他人士，能認識及熟悉運用各種社區工作方法與技巧，包括書中提及的，及可由書中內容引申的，使能增進社區工作的實力，用為助長社區工作的成果與效率。

　　社區工作原是社會工作的三大傳統習慣領域之一，合併團體工作及個案工作，成為社會工作的三大體系。實際上，社區工作是著重在較特定的地理範圍內展開進行的社會工作。可將社區整體視為工作的對象，並將此種工作當作一種獨特的方法。對於社區內的社會工作，還可運用團體方法及個案方法展開進行。本書對於社區工作方法與技巧的定位即是建構在這種概念架構上，將其分成社區整體性、社區內團體組織，及社區內個案等三大方面與類別。其中在社區整體性的工作方面，又可使用發展性及福利服務性的兩小類方法與技巧。合併兩小類社區整體性、社區內團體組織性及社區內個案性的工作方法與技巧，成為較完整的全部。各類方法與技巧也都可再細分成若干不同小類。這些社區工作方法與技巧的分類構成本書的篇章架構，共分五篇十六章，可配合一學期上課的週數。

　　本書能印行出版，因有揚智文化事業股份有限公司的鼓勵，以及亞洲大學社工系提供教課並能與學生互相砌磋的機會，在此一併致謝。

蔡宏進　謹識

二○一二年三月

# 目　錄

# 第一篇

緒　論

在第一篇緒論部分，先論及與社區工作方法與技巧的若干重要綜合性與前提性的概念與性質，細分成兩章，第一章論及社區工作方法與技巧的若干綜合性概念與性質，包括其意義、功用、定位、性質與過程。第二章則論及與社區工作與技巧關係最為密切的前提名詞與概念，如社區工作的目標、對象與範圍等。先對這些綜合性與前提性的概念有所認識與瞭解之後，再進一步探討各種社區工作方法與技巧，就更能深知其意義與重要性。

# 第一章

# 社區工作方法與技巧等的意義、功用、定位、性質與過程

- 意義
- 功用
- 定位
- 多元性質
- 運用時機與過程

# 一、意義

## (一)社區工作的意義

社區工作的意義涉及社區及工作兩項的意義。社區是指在一定地理範圍內的人及其有關的事物與活動。此種地理範圍可大可小,大者有人將全世界或國家當作社區,小者指一個三、五戶居住在一起的聚落也可被稱為社區。但較適當的範圍是指在此地理範圍內的人,有強烈的共同意識或歸屬感,也有較充分的自給自足能力與條件。在台灣習慣上將村里或鄉鎮稱為社區。也有將都市中的特殊小區域稱為社區者,如軍眷區或新村等。

工作的意義是指對人類有利益或福祉所做的事務。這種事務含有多方面的性質,如發展性、服務性、福利性、教育性、輔導性或諮詢性等。工作者可以是政府機關的人員,也可以是私人團體或個人等。接受工作的人則可能是社區內或社會上的大眾。但在社會工作及社區工作概念下的接受者都是指較弱勢者,如窮人、殘障者、病患、老人、婦女、兒童、少數族群及新移民等。

總合社區與工作的意義,則社區工作的意義是特指在社區內對弱勢者所做的發展性、福利性、服務性、教育性、輔導性或諮詢性的工作等。

## (二)方法的意義

本書主旨在闡釋社區工作方法與技巧的意義與性質,故對於方法與技巧及其相關名詞的意義也必要先加以闡明。方法(methods)是指為人、為工作、為處理事物、為解決問題,或為達到某種目的所採取

的手段、辦法、行為方式、程序、規律或法則等。

因為一種工作常可分解成許多情節與部分，故其可用的方法也可能含有許多種。且這些方法都有關聯性，也有結構性，可能連結成樹形或其他植物形狀，涵蓋主幹及許多枝節。

## (三)策略

策略（strategy）是指可以實現特定目標或達成特定目的方案的集合體。是根據形勢發展而制定的行動方針或鬥爭方法。一個策略常含有套裝的行動計畫或鬥爭方法。被採用的策略常具有機智性與藝術性。策略常被用在軍事、政治、商業的競賽與爭鬥上，但在社區工作上也要講究策略。

## (四)技術

技術（techniques）是為完成某種特殊活動或目標所用的程序（procedure）或方法，這種程序或方法常是科學性的，亦即是有系統、有條理並有根據的。一種技術常包含許多更細緻的技巧。

## (五)技巧

技巧（skills）是指經過深思熟慮、靈敏巧妙的能力或手法，完滿地實現複雜的活動或功能性工作。故技巧表示一種知識，一種才能，可由學習得來。能藉以有效解決困難問題。

以上闡明方法與技術及相關名詞的意義與重要性質，目的在方便瞭解本書所論各種社區工作方法與技巧的要義。書名雖然用「方法」與「技巧」，但也可能會與策略、技術等名詞的涵義有關。

## 二、功用

社區工作方法與技巧的功用，也包括社區工作的功用及方法與技巧的功用。社區工作的功用主要是為增進社區居民的利益與福祉，尤其是能增進社區中弱勢者的利益與福祉。在此對於弱勢者就先不必再多加論述。而工作方法與技巧的功用，依據前述的意義則具有若干重要的功用，將之分成下列三點說明。

### (一)為能進行工作

社區工作是一種實際的活動與行為，需要有方法與技巧才能進行。若不使用方法與技巧，社區工作必將停擺不動，有名無實，無法進行。工作方法與技巧給實際工作者方便的工具與手段，工作者藉此工具與手段才能實際向目標展開工作。

### (二)有效達成目標

可供為任何一種社區工作的方法與技巧很多，必須選擇與使用得當，才能順利有效達成目標。如果使用的方法不當，又缺乏技巧，則工作起來不但無效率，也不能順利，工作目標便無法有效達成。

### (三)激發特殊工作目標

在使用社區工作方法與技巧來達成工作目標的過程中，可能因為方法與技巧的有效性與奇妙性的激發，將有效與奇妙的工作方法與技巧再擴張使用。為了要再擴大使用，社區工作者繼續尋找其他或特殊性的工作目標，也因使用有效與奇妙的工作方法與技巧，使工作目標順利達成，甚至提早完成，而有餘力與餘興再激發工作者朝向其他特

殊目標推展。

# 三、定位

社區工作方法與技巧的名詞與課程和其他的名詞與課程比較，都有其特殊的定位，也能與之明顯區隔。茲從與其較為相近和相關的三方面來說明其定位。

## (一)在社區工作上的定位

在社會工作的範圍內有社區工作的特殊領域。社區工作方法與技巧是此一特殊領域上的支部門或支領域。而此一支領域或支部門與社區工作相較，則具有兩項重要定位或特性，即「工具性概念」和「層級與位階概念」。

◆工具性概念

在社區工作領域內，社區工作方法與技巧是較強調工具性的。亦即將其當作社區工作的工具。社區工作是目標，社區工作方法與技巧是工具與手段。運用適當的方法與技巧來進行與完成工作。一種工作常可適用多種方法與技巧，一種方法與技巧也常可適用在推展與進行多種工作上。

◆層級與位階概念

在社區工作的大架構下，社區工作方法與技巧是處在較下層或在支末的層級與位階上。其功能與角色較是用來配合其他的課程或角色，如配合社區工作本身，或社區工作方案等。在實際進行社區工作的過程中，也都在較後期才被選定與使用。

## (二)在社會工作方法上的定位

### ◆與團體工作方法及個案工作方法的區隔與關聯

傳統上社會工作有三大方法，即社區工作方法、團體工作方法及個案工作方法。由本書的書名看，顯然是被界定在三種社會工作方法中的第一種社區工作領域內。在三種社會工作傳統方法中，社區工作方法涵蓋的面最廣，影響的人數也最多。甚至涵蓋了後兩種工作方法。因為團體工作方法及個案工作方法的對象也都存在社區中，都是社區結構與份子的一部分。也因此本書定名的社區工作方法與技巧是取較寬廣的涵義，界定此種工作方法與技巧的範圍可包含對社區整體的，及對社區內團體與個案的工作方法與技巧。但反過來看，如果要將團體工作方法與技巧及個案工作方法與技巧涵蓋社區工作方法與技巧就不甚適當。其道理是以大含小可，但以小含大就不適當。在此必須一提的是，社區與團體都是社會組織體，惟社區組織體的構成都包含了多數的人，此與團體組織體包含的較少數人有所差別。

### ◆與其他方法和技巧性課程的區隔與關聯

在社會工作課程領域中，較偏向方法與技巧性者尚有其他，較常見者有社會工作方法、（工作）方案計畫與評估、量化研究方法、質化研究方法、團體工作方法，以及個案工作方法等。社區工作方法與技巧和其他這些較偏向方法與技巧性的社會工作課程都有或多或少的區隔與關聯，其與團體工作方法及個案工作方法的區隔與關聯已述說於前。此處再扼要說明與其餘若干較偏向方法與技巧性課程的區隔與關聯。

首先，說明其與社會工作方法的關係。從大處看，社區工作方法與技巧可說是社會工作方法的一環，後者包含了前者，但兩者並不完全一致。雖然廣義的社區工作方法與技巧也可涵蓋社區內的團體工作

方法與個案工作方法，此點與社會工作方法頗有接近之勢。站在社會工作方法上，可以將社區工作方法與其他兩種工作方法區隔。按此區隔的原理，則社區工作方法與技巧只能限定適用在社區整體工作的部分。在社會工作方法的概念下，可將社區工作方法與團體工作方法及個案工作方法三者並立，具有同等分量與重要性。但在社區工作方法的概念下，則只能將團體工作方法與個案工作方法視為對社區內團體與個案工作的方法，但對社區外的團體與個案工作的方法卻可不必牽連在內。

再就社區工作方法與技巧和工作方案計畫與評估課程的區隔與關聯看，一方面，社區工作方法與技巧可包含工作方案的計畫與評估，但卻不侷限在方案計畫與評估工作上。此點差別可以從本書的綱要見之。另一方面，工作計畫與評估不僅可被應用或置放在社區工作上，也可被應用或置放在其他工作上，故不僅可成為社區工作方法與技巧的一種，也可成為其他工作方法與技巧的一種。

再就社區工作方法與技巧和社工課程中的量化研究方法、質化研究方法的區隔與關聯看，前者明顯是實際工作行動上的方法與技巧。後兩者則是較研究性的方法與技巧，其目的在於對情勢或問題的澄清與瞭解，對於實際的行動性工作功效則較間接。

◆與社工學程與學科的關聯

近來大學中的社會工作教學規劃有朝向學程化的趨勢，亦即在社會工作的大屋簷下歸納成數個學程，目的可使每一位學生能較專精或偏向不同學程所展現的較專門學識與工作能力。為了學程的設計，社工學系普遍也都縮減一些較基礎性，或較難以歸類的課程。不同大學社會工作學系在規劃學程時，也都考慮配合環境的實情以及與其他大學社會工作學系區隔的必要性，而設立不同名稱的學程。因此校際間的社工學程都有或多或少的區別。就以亞洲大學設立學程的經驗為

例，將全系大學部的課程分成系核心課程、院基礎課程及社工專業等三大群必修課程，此外，另設弱勢培力與健康照顧等兩大學程。學生除必修三類核心、基礎及專業課程外，又須在兩大學程中選擇其一修滿一定的學分。

在此種課程結構的設計下，社區工作方法與技巧被置放在健康照顧學程中，成為專攻此一學程學生的必修課，專攻另一學程的學生，則可將此門課當作選修。此種課程的設計有其客觀的必要性，一來考慮健康照顧必須以此課程為重要範圍及目標，二來也考慮兩個學程必修課程的平衡性。惟實際上社區工作方法與技巧和另一個學程也可以密切掛勾或連結，可作為弱勢培力的有效且重要的方法。就如弱勢培力學程中的課程也都會對健康照顧有功效與貢獻。

再說社區工作方法與技巧和社工系其他課程之間也都會有不能完全切割的關聯性。其他的課程都可應用部分社區工作方法與技巧，使其更能顯現出教學及應用效果。社區工作方法與技巧的課程，也都可應用或滲入其他課程的知識、原理或方法與技巧，而能更充實與完備。

## (三)在社會工作教學與研究上的定位

社會工作教學的課程很多，研究的領域很廣，社區工作方法與技巧在這些課程與研究領域中和其他的項目相比，具有下列幾項重要特性：

### ◆較實務性

社會工作學與社會學相比較具有實務性，在所有社會工作的領域中，社區工作方法與技巧又相對較具實務性，尤其與社會工作理論，社會工作倫理、社會福利導論等課程相比，其相對實務的性質更具明顯。各種社區工作方法與技巧都由工作實務中獲得，各種社區工作方

法與技巧，也都要應用與實踐在社區工作實務上才能名符其實，也才具有實質的意義。

◆較精細性

工作方法與技巧比工作本身的概念都較需費心力才能取得，也要經過較細膩的心思才能獲得。工作技巧比工作方法尤其更要精確細膩。

◆較實用性

任何工作方法與技巧都具有高度實用的意義，其意義即在使工作能實際展現成效。方法與技巧的研究雖有為瞭解方法與技巧的性質而做，也即是有純粹的方法論或技巧論的學問，但多半的方法與技巧研究都以能實際應用為目的，亦即由使用良好的方法與技巧來達成其追求的工作目標。社區工作者使用有效的社區工作方法與技巧，使能達到良好的社區工作目標。其他方面的專業工作者也都因為能夠使用優良的專業工作方法與技巧，而能達成良好的專業工作目標。各種專業為能達成良好工作目標，也都要有應對的良好工作方法與技巧可用。

◆較困難性

在社會工作教學與研究的領域中，社區工作方法與技巧的內容都較支末性，也都較精密及細膩性，因之要取得知識也都較困難，尤其要與主流前端性的課程與領域一般，湊合組成一定分量的教學與研究內容，都較不容易能獲得。

## 四、多元性質

再從多元方面與多種角度來看，社區工作方法與技巧的性質，重要者有下列諸項：

## (一)科學性

社區工作方法與技巧基本上要講求科學性質，而其重要的科學性是具備系統性與效率性。所謂系統性是指許多工作方法與技巧之間有一定的邏輯，也有一定的順序與關係，有這些科學性質的方法與技巧，使用起來也必能較有效率。

## (二)價值性

社區工作方法與技巧和其他許多社會工作的學問相同，都具有高度的人道價值性。因為其工作對象主要都為社會上的弱勢者，因此其工作精神都具有維護正義、公平、大愛、仁義、民主、慈善等高貴的人道價值。

## (三)粗細性

不同社區工作方法與技巧的內涵目標與用處有大小之分與粗細之別。大方法與大技巧包括多種小方法與小技巧。粗細不同的方法與技巧，都可適用在不同的場合與情境。

## (四)結構性

各種工作方法與技巧按其適用的境遇不同，由下而上可分為特殊技術或技巧、風險管理方法與技巧、事件處理方法與技巧，以及一般的工作方法與技巧等。這些位於上下不同位置的工作方法與技巧，形成層次分明關係密切的結構性質。

## (五)難易性

不同方法與技巧使用起來有難易不同的差別，尋求起來也有難易

的差別。非常有效的方法與技巧，常是較難取得，也較不易使用者。

## (六)階段性

不同工作方法在使用與運作的過程中，都有階段性，由準備、規劃、實行到評估。準備階段尚未進入到使用；規劃階段則將進入使用；實行階段是處於正在使用；評估階段則是使用之後的繼續行為與活動。

## (七)使用對象的差別性

使用各種社區工作方法的對象有人、事、物的差別，因為社區工作必然牽連到人、事、物等三種不同要素。適合對人、對事、對物所使用的工作方法可能不同，適用對不同人、不同事、不同物的方法，也可能或應該各不相同。

## (八)對人的工作對象的特性

社區工作方法與技巧對人的使用對象雖有可能不同，但卻有一共同特性，即是社會的弱勢者。這些人可能包含貧窮者、病人、殘障者、老人、婦女、兒童、少數族群、新移民等。他們都是需要社會工作人員包括社區工作者給予救助與服務的人。社區工作者使出方法與技巧達到這些弱勢者的身上，才算用對其所。

## (九)非營利性

企業經營和管理方法與技巧的使用常是以能獲得實質利益為目的，但社區工作與方法的使用常是非營利性的，使用者不以能使自身獲得利益為目的，而是以能使受服務者獲得利益或幸福為目的。

# 五、運用時機與過程

　　社區工作方法與技巧被運用的時機是在啓動社區工作之時，而社區工作不是一種暫時性或短暫的工作，而是一種長時間連續性的工作。此種連續工作約可分成下列重要的五階段，在每一階段中都必要講究與運用有效的工作方法與技巧。

## (一)協助社區居民發現或揭發問題與需要

　　社會工作的起步是從協助社區居民發現或揭發問題與需要開始。社區工作者基本上不是爲私利工作，而是爲社區居民的利益或福祉而工作，從發現與揭發社區居民的問題與需要，進而謀求解決其問題與滿足其需要，最能符合其利益與福祉。

　　社區居民能清楚認知本身問題與需要者固然不少，但仍有不少人在認知本身的問題與需要上會有困難。社區居民對於社區共同性的問題與需要，更會比對私有的問題與需要較缺乏動機或熱情去認識與瞭解，所以很需要有社區工作者的協助，將問題與需要釐清，才能進一步清楚地針對問題去加以解決，以及針對需要去獲得滿足。

　　社區工作者要能有效協助社區居民發現或揭發問題與需要，必須運用許多方法與技巧，包括心理的、教育的、社會的、經濟的及物理的方法與技巧等。經由運用心理方法與技巧解開其對問題與需要認知的蒙蔽與困惑；經由教育方法與技巧協助其有正確的認識與瞭解；經由社會方法與技巧打開因人際關係造成對問題與需要表達的障礙；經由經濟的方法與技巧，減低或消除因經濟壓力而膽怯面對問題與需要；經由物理的方法與技巧而獲得增進認識和瞭解問題與需要的能力及信心。

## (二)協助獲取可用資源

　　運用社區工作方法與技巧的第二個時機與過程是，為社區整體或社區中部分的人獲取可用為解決問題與滿足需要的資源。可用的資源常不是時時準備就緒，等待社區去取得。有些原本就缺乏不存在，需要去創造；有些是潛藏在陰暗之處，需要去尋找與發現；也有些資源雖明顯存在，但卻不容易被認為可被社區所用。社區工作者要能協助社區居民有效尋找可用資源，也都要使用有效的工作方法與技巧，使社區居民能清楚看到可用資源及其存放之處。

　　可用於幫助社區解決問題與滿足需要的資源被發現之後，常要再花費一番功夫才能順利取得，供為社區及其居民所使用。要取得有用資源，有時並不比尋找發現資源容易，需要經過運用方法、技巧，甚至策略與技術等，才能有效獲得。

　　社區需要並能使用的資源有很多種，包括經濟資源、社會資源、政治資源、物質資源等。為能取得這些資源，需要運用的方法與技巧也都不簡單，有時需要涉及很深奧的程度。社區工作者所具有的方法與技巧越多越精深，能協助社區取得資源的功力就越大越強，效果也越能彰顯。

## (三)協助有效使用資源，解決問題，滿足需要

　　獲取資源是過程，有效使用資源，使其能解決問題，滿足需要，才是終極目的。有效使用資源的學問博大，方法與技巧精深。賢能的社區工作者，本身要能認識與瞭解，再將之傳授給社區居民，使社區居民也能知所運用，才能有效達成終極目的。

　　要能有效使用資源，最重要的方法是要能順應資源的屬性，不違反其使用原理。且也要配合被使用的情境，用在適當的時機與場合。

### (四)維護資源準備再加利用

運用社區工作方法與技巧的下一個時機與過程是，在使用資源之後，進一步維護資源準備再加利用之時。社區工作的資源得來不易，有些資源是於使用之後立即喪失，但有不少資源卻可再持續利用，務必要加以珍惜維護，以備往後再加利用。

維護資源的方法與技巧很多，包括適當存放、適當修補，適時啟動，使其再顯活力與用處。其中人力資源的維護極為重要，要能維護，就不能使其流失，要能使其在社區中能有適當的角色與地位，才能為社區工作用心與出力。物質資源的維護，則應視其性質作適當的處置。金錢財物資源的維護最重要的方法是不被浪費與誤用。

### (五)檢討運用得失與改進

運用社區工作方法與技巧的最後一個時機與階段是，於運用並維護之後檢討其得失與改進的過程。任何工作方法與技巧於運用時必有利有弊、有得有失，需要經過悉心檢討，才能認清利弊得失，才能再加以改進。

檢討之後對於使用效果良好的方法與技巧可再重複使用，對於不良的方法或技巧則應捨棄不用，或從新調整後再運用。

經由檢討使用的方法與技巧過程，也可發現過去未被使用過或原本不很起眼的一些有效方法與技巧，將此新經驗加以記錄累積，終可獲得可貴的新方法與新技巧。工作方法與技巧可從實際工作過程中發展出來，這是很寶貴的工作後果之一，也是一種創造社區工作方法與技巧的重要過程。

# 第二章

# 社區工作方法與技巧應對的目標、對象與範圍

- 工作方法與技巧和工作目標的關係
- 社區整體的建設與發展
- 社區內弱勢者的福利行政與服務
- 社區公共事務的處理
- 社區問題的解決
- 社區居民素質的提升
- 社區人民能力的培養
- 社區意識的增強
- 綜合多元的工作面向與範圍

# 一、工作方法與技巧和工作目標的關係

## (一)達成目標的工具與手段

工作方法與技巧是為能達成工作目標。社區工作方法與技巧是社區工作目標的工具與手段。在達成目標的過程中必須採取適當的方法與技巧，目標才能有效達成。其間的關係有如使用筷子與吃飯。用筷子是方法，吃飯是目標。用筷子要講究技巧，筷子的形狀質料及手指拿捏的位置都是重要的用筷技巧。小孩用的筷子要較短小；要試驗菜飯有無放毒則要用銀筷；為保持衛生則用公筷。這些都是重要的用筷學問與技巧。

## (二)因幫助達成目標而展現價值

工作方法與技巧因能幫助達成工作目標而展現意義與價值。若未能幫助達成工作目標，工作方法與技巧就無存在與使用的必要，也無價值可言，反而是多餘與累贅。

## (三)兩者的位置與角色可互換

工作方法與技巧也可成為工作目標，反之，工作目標也可成為工作方法與技巧。為了尋找有用的工作方法與目標，可能要再運用新方法與新技巧，則原來想要獲得的方法與技巧就成了尋找的目標。又當小目標是為能達成更大的目標時，小目標就成了方法性的工具或手段。

## 二、社區整體的建設與發展

　　社區工作方法與技巧的目標可細分成若干項目，其中很重要的一項是，為能達成社區整體的建設與發展。這是最正面最積極的目標。依照我國社區發展綱領的提示，重要的發展目標有三大項，即：(1)實質建設；(2)生產福利；(3)精神倫理建設。這三大目標中又可細分成社區內的所有私人部分及公共部分兩大類別。

### (一)社區內私人實質、產業及精神倫理建設與發展

　　私人的實質建設與發展以其住宅的改善最為重要，包括新建與修建；產業發展則包括農漁工商服務等各業；精神倫理建設則指心理層面的建設與提升。

　　在台灣這些社區發展目標已推行多年，為能達成這些目標，也運用過多種的方法，包括由社區居民開會討論，聘請專家講解與協助規劃，引用外力援助及動員社區人力等。

　　社區發展目標也都能有或多或少成效，使社區的外貌改觀，社區居民的生活水準也提升。但有些目標的達成並未能盡如人意，需要再運用良好的方法與技巧向前推進。

### (二)公共設施與產業的建設與發展

　　社區內的實質建設與產業，除了社區內私人部分之外，尚有不少公共的部分，這些公共的實質建設與產業的發展也都是社區發展所強調的目標。

　　社區中重要的公共設施有公共活動中心、道路、水溝、公園及其他休閒場所，以及路邊停車位或較大規模的公共停車場等。公共產業

在鄉村地區有公共造林，倉庫、食物加工廠，在城市則常見公共停車場及游泳池或球場，以及付費的休閒場所。

## 三、社區內弱勢者的福利行政與服務

在社區內整體性的另一種工作目標與對象是對社區內弱勢者的福利行政與服務，範圍涵蓋社區中所有弱勢族群，包括貧窮者、殘障者、生理病患、災民、精神異常者、失業者、老人、婦女、兒童、原住民、新移民等。工作的方式包括提供福利行政及服務。重要工作項目包括提供救濟、洽商援助、輔導就業、醫藥護理、健康照護、教育訓練、心理諮商等。

因為此類工作對象都是較弱勢的社區居民，都少有積極的發展能力，工作的性質都係較消極性的幫助。使其能減少或克服困難，減輕問題。

## 四、社區公共事務的處理

社區工作方法與技巧應對的另一目標是對公共事務的處理。社區是由多數的人所組成的，大眾的公共事務很多，重要者包括公共設施、公共活動、公共福利、公共安全、公共興趣、公共問題、公共災害與危險等，都需要加以處理。

不同公共事務的性質不同，需要處理的要點不同，使用的有效方法也各有不同。就上列各種重要公共事務需要處理的要點，以及需要運用的方法與技巧略作說明如下：

### (一)公共設施

社區公共設施從選擇項目、設置地點與式樣、經費來源以及施工

者的選擇與監督等，都可能會有爭議或困難，都需要經由公眾共同處理的程序。社區工作者常要使出專業與正確的方法與技巧為之應對。在選擇公共設施項目、地點與式樣時，可能最需要經由尊重社區大眾的共同願望與意見，取得共識，選擇最被多數人同意的設施項目、地點與式樣。

有關公共設施經費來源的要務，常會有不足之虞，需要加以籌措。社區工作者要能善於協助募集及求得外力援助，有效的募集及請求援助的方法與技巧很多，其中善於運用人際關係與獲取可用資金是極為重要者。而人際關係的運用，則要能找對人，並在適當的場所與時間提出要求協助。這是很重要的方法與技巧。

公共設施一定要有施工者，當前社區設施施工者的選取容易有偏失圖利的問題發生，優秀的社區工作者應有能力協助導向公正無私的選取，使施工效果與品質能達到最佳的境界。要能達到良好的設施成果，工作者對施工者及其工作過程與內容，也要能親自或指導社區民眾作必要的監督，不使偷工減料，粉飾門面。

## (二)公共活動

社區公共活動的時機不少，例如推動公共設施是一種公共活動；集會討論公共事務是一種公共活動；選舉政治領袖包括各種行政機關首長及民意代表是一種公共活動；演舞台戲、神明出巡求平安是一種公共活動；出席中小學家長會是一種公共活動；組團觀摩其他社區建設是一種公共活動；打擊騷擾社區的犯罪行為，維護社區安寧也是一種公共活動；但這些都是較建設性的公共活動。社區的公共活動也有不少是消極面的破壞性及腐化性的，例如選舉時不肖候選人或政治團體花錢收買選票，乃有組團旅遊的活動；政府機關不當花費人民納稅錢，舉辦意義不大卻耗資可觀的燃放煙火或遊樂晚會等活動；黑道團體放任小弟砸人店面、狂妄少年結隊飆車擾亂交通安全與社區安寧的

活動等。

面對各種正反兩類的公共活動，社區居民最重要的應對與反應是應否參與及如何參與的問題。選擇參與正當的公共活動有多種重要方法與技巧，選擇拒絕參與不良的公共活動也有多種重要方法與技巧。就參與及不參與的重要方法與技巧分解如下：

◆有助參與的方法與技巧

期望社區居民參與正當有利的公共活動，有效的方法與技巧包括使其瞭解正當參與及參與利益的真相、激勵參與意願與動機、獎勵參與行為、展示參與成果等。

使不同的個人就其不同條件作適當參與也是重要的鼓勵方法與技巧。有人適合當領導者方式的參與，有人適合出錢方式的參與，有人適合當志工協助打雜的參與，也有人適合展現文字或口才特長，而願意成為公共活動的文膽或名嘴的參與，也有的人適合為團體活動助陣加油方式的參與。公共活動的參與方式很多，使不同的人可選擇其最適合的角色與方式參與，必能有較愉快的結局，其參與對活動的貢獻也會較大。

◆有助防止不當參與的方法與技巧

為使社區內不當的公共活動不發生不擴大，就有必要防止社區居民的涉入及參與。對居民的教育與宣導，對於始作俑者或倡導者及不當參與活動者加以制裁懲罰都是重要且有效的方法。惟如果始作俑者或倡導不當活動的人是有權勢的人士就較麻煩，常必要假以較長的時日，當社區居民的心志達到能自覺的水準與程度，才能有效抵制或防止。

## (三)公共福利

社區公共事務中少不了公共福利一項，此種福利包括生財性及服

務性等。前者如由公共造產，或設置社區福利社、社區儲蓄會，以及公共設施的出租等都有可能為社區生財。服務性的福利式樣更多，為社區居民打預防針、供應清潔用水、為全民做體檢、設立巡迴診所等都是偏遠鄉村社區所迫切需求的公共服務性福利。

公共福利的最大問題之一是缺乏與不足，故重要的應對方法是創造及填補。社區工作者首先要從社區中尋找可作為填補的資源，無效時則需從社區外尋求。

社區公共福利另一可能發生或存在的大問題是分配不均或不當。有些福利必須由社區居民均霑，有些福利則只需分配給有需要的人。社區中的貧窮人家、殘障人口、生理及心理病患、失業的人、老少人口及婦女、少數民族及新移民等常是社區中的弱勢者，也最需要得到救濟、補助輔導、協助、諮商等的服務與福利。當社區的福利資源有限時，這些弱勢者應是分配的重點所在。

由於弱勢者常缺乏能力發聲，社區工作者在進行福利分配時，有必要主動去察覺，替代被動的接受。又當福利資源如醫藥施放給病患者之時，若將患者分成三類，即給了也不能活、不給也能活、給了才能活，則最適當的分配方法是先提供給第三類而不是第一類。福利分配常強調公平、正義與效率，很需要工作者深入體會與拿捏。

## (四)公共安全

社區中常存在公共危險性，一旦發生危險，損失都很慘重，故必要維護公共安全。重要的公共危險包括火災、水患、震災、瘟疫、空氣汙染、交通傷害、盜匪騙徒的凌虐、暴徒行凶、色情騷擾等。避免公共危險，促進公共安全的方法與技巧的種類很多，有者應由預防，有者應由搶救，有者需由打擊，有者需由清除，有者需由警告，有者需要有治安單位的配合與協助，有者則應由教育與感化方法才能收到控制之效，也有者需要對危害者加以懲戒才會有效。方法特殊時，技

巧更為分歧。專業性的災害救難隊的工作人員，都不斷在累積有效的工作方法與技巧，這些方法與技巧都成為社區工作方法的重要資產。

## (五)公共興趣

社區內由於守護習慣，應對急變，或因有人提倡鼓吹時，很可能產生明顯的共同興趣，也可能為了充實生活的情趣而共同創造出公共興趣。重要興趣式樣很多，有者與宗教崇拜有關，有者與休閒娛樂有關，有者與社區榮耀有關，有者與社區發展與福利有關，也有者與大社會和國家利益有關。社區有共同的興趣，社區居民就會期望能將興趣實現，求得心理上的滿足。

社區居民共同興趣的發展過程勢必會出現三個重要問題：(1)產生不易的問題；(2)良莠不齊的問題；(3)實現困難的問題。要克服此三大問題都要使用有效方法與技巧，將之分析說明如下：

### ◆克服產生不易問題的方法與技巧

社區居民如果互動不足、凝聚力不強，都不易產生共同興趣。雖然個人或個別家庭不難產生興趣，但無緊密的互動與共識，社區共同興趣就不易萌芽與發展。共同興趣的產生勢必要經由交換意見與心得的過程，才能從中彙集相同部分，凝聚發展成共同的興趣。所以經常集會互動，作焦點選擇討論，是最能產生共同興趣的方法與技巧。

### ◆克服良莠不齊問題的方法與技巧

社區共同興趣也會有良莠不齊的問題，喜好運動、旅遊是不壞的共同興趣，但簽賭、吸毒、飆車等就不是良好的共同興趣。

對於良莠不齊的共同興趣，重要的先決工作方法是要加以篩選，選好不選壞，對好的共同興趣加以實踐。選擇好壞的標準，由多數決定固然是常用的標準，但當不良風氣猖狂時，就使用不得。依據社會規範作為篩選應是較佳的方法與標準。

#### ◆克服實現困難問題的方法與技巧

　　共同興趣要能實現，才能有完美的結局。但要實現社區內多數人的共同興趣卻有兩大困難：第一是資源不足；第二是動能不足。多半的共同興趣都要有金錢、設備或人力資源作後盾，才能完美實現。缺乏這些資源，即使空有興趣，而未能實現，也未能滿足。第二種實現共同興趣的困難是，動能不足，所指動能是指實踐的意志與體力。多半的共同興趣要能實踐，必須所有的關係人都要有堅強的意志與體力，其中若有人缺乏意志與體力，實踐起來就會有困難。

　　為能克服第一種困難，重要的應對方法是，充實必要的資源，包括充實金錢設施與人力，其中金錢資源的充實方法是要經過以正當的途徑努力掙賺，且要適當分配與使用，以及經由儲蓄而獲得。必要時，適當的借貸也是辦法之一，但少用此法為宜。對於設施的充實，可用增設、修護及借用的辦法獲得。至於人力資源的充實，重要的方法與技巧則有選拔、培訓、借用等，其中以由內部選用與培訓較為合宜。

### (六)公共疑問

　　社區工作過程中需要處理的公共事務，也包括對公共疑問的處理。主要的處理方向是將疑問釋解。社區事務中最多存有疑問者有領導人物有意隱藏人事、經費與計畫的資訊，不透明的決策，及不明來路參與者的背景與能力等。對於這些公共事務存有疑問的人，就不會為社區公共事務盡全心力，社區工作的成效也會受到障礙。

　　釋解令人存疑的事項與疑問，最重要的方法是關鍵人物要開誠布公，將資訊透明化，接受存疑的提問、批判與挑戰，逐一耐心解釋與說明，爭取認同，消除疑慮。

### (七)公共災害與危險

社區中難免會存在或發生公共災害與危險。這些災害與危險有些來自天然的力量與變化，也有造因於人為的緣由。公共災害與危險的處理目標包括預防、消除與壓制。其中預防的工作不容易做好，因為許多災害與危險的發生不可預測，故難作準確的預防與排除。但平時如果能多作保護，提高警覺，必能有效預防。

對已發生的災害與危險，重要的工作方法是及時作妥善的撲滅、清理與救護。而有效的技能與方法是在平時就應加以演練與培養，也應將實際經驗作妥善的保存與傳承。

## 五、社區問題的解決

在社區中不少公共事務都具有問題性，私人的事務也有不少具有問題性，重要的共同社區問題又亟待解決者約有五大項，即：(1)生計問題；(2)安全問題；(3)環境問題；(4)衛生問題；(5)衝突問題。此外不同的社區都會有或多或少的特殊性問題，茲就上列五項共同性的社區問題之性質及有效的處理方法扼要加以說明如下：

### (一)生計問題的解決

社區中難免會有窮人，其生計都有問題，亦即很難過著合乎水準的生活。挽救窮人生計問題的方法很多，適當就業、精明分配費用、改善副業收入、增進補助性生活技能等，都是有效解決生計問題的方法，需要社區工作者設法協助。

## (二)安全問題的解決

　　社區內安全上的缺口也常存在，天災人禍都可能造成社區居民遭遇安全問題。重要的問題有水災、旱災、火災、地震、戰爭、瘟疫、詐騙、搶刼偷竊、車禍、凶殺暴力、水與空氣汙染等，可說種類很多，這些問題都需要設法解決與減輕。可用的方法與技巧如下：

1.要治水災，方法上則要疏洪、清理溝渠、在河水上游植樹，緩和河水暴漲。

2.要防止旱災，近來常用人造雨，但也要注意築水庫蓄水，且要清理水庫淤泥。

3.要防止火災，根本的方法則要小心火燭，以及做好檢查電路及電量負荷。

4.要防止地震災害，除了要做好建築安全外，也要做好民眾防震教育。

5.要防止戰爭災害，則要崇尚和平，且要慎防敵人的滲透與破壞。

6.要有效防疫，則要注射預防針，保持環境衛生與注重營養健康，增強人體的免疫能力。

7.要防止詐騙，則要能提高警覺，且政府與全民都要決心共同抵制。

8.要提防搶刼偷竊，則要有富裕的經濟環境，也要能清除黑槍與毒藥，並要有公平的財富分配。

9.要防止車禍，則要加強行車違規檢測及行車安全教育與宣導。

10.要防止凶殺暴力，則除管制槍械之外，也要加強心靈教育。

11.要能防止水及空氣汙染，則應從每個人愛護環境的行動做起，對於可能製造大量汙染的工廠及養畜場，尤有必要加強管理與

監督。

以上對於每種社區的危險或安全問題的解決方法，都是較根本及大項者。每種根本或大項方法之下，都有更細項的技巧可用。社區工作者可由身體力行，或指導社區民眾善加運用。

## (三)環境問題的解決

社區問題中環境問題也是一大項目，此項問題也是必要防治與解決的重要工作。環境問題可分成生態環境問題，及社會、經濟、政治與文化環境問題等多項類別。台灣城鄉社區的環境問題都很複雜嚴重，較為大端者是，林木砍伐、土石流失、河川汙染、社會風氣敗壞、經濟環境走向蕭條、政治環境不很平安、文化環境也有虛偽不實的弊端。

生態環境破壞的問題要能有效解決，需要社區居民普遍養成永續發展的觀念，重視環境保護。敗壞社會風氣的改善途徑與方法很多，節儉克苦習慣的培養，溫良恭儉讓德性的造就等，都是重要的做法。要使蕭條經濟環境復甦，則要有良好在地經濟發展政策的引導，也要有企業家能多關照台灣經濟的發展與繁榮。不平安政治環境的改善方法，很必要由政治領袖能多苦民所苦，負責任關照人民的幸福。虛偽不實等文化環境的改善方法，則一方面有賴政治與社會領袖誠實負責，另一方面也需要國民大眾克制私慾，關愛他人。

## (四)衛生問題的解決

社區內的衛生問題可分成公共衛生問題及個人衛生問題兩大範疇。社區衛生工作的重點也在解決此兩大方面的問題。解決的重點有二：其一是預防問題的發生；其二是對已發生的問題加以消除或撲滅。

在社區中重要的公共衛生問題，一般都會有環境髒亂，疾病媒介的孳生，如蚊蠅、蟑螂、老鼠，或流浪貓狗、垃圾及汙水等。預防與消除這些病媒是重要的公共衛生工作。過去台灣的政府對於公共衛生相當重視，也努力設法消除，包括對社區住戶清潔垃圾、噴灑消毒藥水、撲殺蚊蠅、宣導及供應住戶除蟑滅鼠毒藥、捕殺流浪狗、排水溝加蓋，以及建設汙水下水道等。在更早時期，也在鄉村社區設置簡易自來水，主要方法是將井水過濾後再輸送到用戶家中。這些工作對於公共衛生改善都大有幫助。

至於改善個人衛生工作，向來農會推廣系統的家政指導工作功不可沒，鄉鎮區衛生所的醫療改善工作也厥功至偉。家政推廣工作重點在指導班員多方面的健康衛生習慣、方法及知識，重要方法與途徑包括提升烹飪技術、整潔廚房衛生、清掃室內外環境，以及保持生活用具的清潔衛生等。基層衛生行政工作則包括巡迴或定點辦理身體檢查，如量血壓、驗血、打預防針等，也有駐在或巡迴醫護人員替患者診病給藥。

上述這些工作對於社區居民的衛生與健康的改善，相當重要，也甚有貢獻。

## (五)衝突問題的解決

社區中衝突行為與事件的發生時有所聞，過去歷史上農村常因用水而有爭端與衝突，或因人畜傷害農作物而起衝突。也有因為鄰居之間土地邊界不明，或因言語之間而起糾紛與衝突。在當前的都市社區中，社會衝突式樣翻新，常見者也有發生在鄰居之間因保衛財物或不堪噪音、排煙、排水、停車、打牌事端而起紛爭。也常見路上行車摩擦相撞而起的糾紛。

衝突糾紛的發生都是因為有人行為表現不當，以及有人行為反應過當所引起。衝突糾紛發生後，不但很傷感情，有時甚至會傷及生命

與財產。過去社區內發生衝突糾紛常由村中德高望重的耆老出面調停撫平解決，後來也有設立調解委員會的組織來協助解決。但在社區變遷的過程中，越多的衝突都會經過警政及法律的正式過程謀求平息。忙了警察與法官，也傷了當事人的精神、時間與金錢。

專業性的社區工作者較少涉及到糾紛的調停與和解，但近來社工人員也越重視對司法事件的介入。有關介入司法事件的社會工作，多半都較偏重協助社區弱勢者解決與善後司法糾紛事件，使其免於陷入無助或吃虧的悲慘情況。工作的方法除可直接介入聽證之外，也包括協助其接洽公辦律師等。專業社工人員多少要具備法律知識，以便趁機教育與輔導當事人，認識與瞭解相關的法律內容。

## 六、社區居民素質的提升

各種社區工作方法與技巧的目標也包括提高社區居民的素質，如知識素質、道德素質、身體素質及生活素質等。

### (一)知識素質

從事社區工作的社工人員並不必要也很難照應社區居民各種知識素質的提升，但若情況恰當，本身能力也適當，協助社區居民提升知識素質，也責無旁貸，理所當然。一般專業社區工作人員較可能也較必要協助提升社區居民的知識素質是有關社會福利的知識。社區居民常因知識不足而失去請求或獲得福利的機會，社區工作人員有責任協助其提升知識，以便能正常獲得福利的幫助。

### (二)道德素質

道德是展現人品素質的重要面之一，素質的提升必須包括道德一

項。提升社區居民的道德可經由言教與身教兩種重要途徑與方法行之。有心的社區工作人員可用直接或間接的方法展現此兩種教育與輔導方法。其中直接的方法是由工作人員直接口授道德的理念與經驗，或身體力行當作示範；間接的方法則是洽請道高德深的善人協助佈施。

　　當前能口授心靈修養的道德學家，頗多是神職人員，經由舉辦靈修，與佈道大會，開講正直善良的為人與做事的道理，對於信徒的作用與影響頗大。也見有非神職的專業或業餘人士，在電視上開講授業，同樣也頗能引人入勝。對有些行善的人，經由表揚獎勵都能對社會大眾發生示範與感召的作用，也都是提升社區居民道德素質的重要方法。

## (三)身體素質

　　身體素質的提升著重在保健強身，可經由改善個人的健康觀念與衛生行為習慣，而獲得有效的提升與改善。傳統的社區工作，都較著重社會性的福利與服務工作，能使接受者減輕困擾與壓力，增進快樂與幸福，對其身體健康也必有助益。

　　社區工作中的健康照護性工作是常對健康上有問題與缺陷的人提供協助，對其提升身體健康素質的功效都能立竿見影。依照政府的規定，社區中的養老機構，都應設有社工人員，協助照護。業者若能遵守照辦，對於案主身心素質的提升，必有顯著的功效。

## (四)生活素質

　　提升生活素質包含物質生活素質與精神生活素質兩大方面。前者涵蓋食、衣、住、行的實質品質；後者則包括休閒、育樂的精神感受。社區工作人員狹義的職責即在照顧弱勢居民的物質及精神生活，廣義的職責則包括提升社區內正常人的生活素質。

　　為能提升社區弱勢者及正常人的生活品質，除了消極的照護外，

還應能經由積極的發展方法與途徑。社區發展工作所著重的生產福利、實質建設及心靈改革等，都是很積極性、正面性的提升生活素質的方法與技巧。

# 七、社區人民能力的培養

社區工作方法與技巧應對的重要目標之一是，培養社區居民的能力。能力增強，就能自顧本身的利益與幸福，減少對社工人員的依賴。社區工作最需要培養的能力以領導能力、參與公共事務能力及處理自身問題能力三大要項最為重要。就其道理及方法說明如下：

## (一)領導能力

社區要能發展、和諧與幸福，很必要有人領導。社區工作並不寄望社區內人人都要有領導能力，人人都成為領導者，但必須要有足夠的領導能力與領導者。由有領導能力的人來領導社區行動。社區建設與發展，社區問題的解決才能容易達成目標與效果。領導能力的培養方法很多，本書另有章節再加以詳細討論，在此先要強調社區工作人員要能對村民中具有潛在能力又能熱心服務村民的人才加以鼓勵，委以任務，使其寓領導力的培養於實際行動中，這是較快速有效的培養途徑。

## (二)參與公共事務能力

社區工作常涉及社區多數人的公共性工作與事務，要使公共事務能有成效，必須要社區內人人的參與。但社區會有些人缺乏參與的意願與熱情，參與之後也未能適當負責工作，故參與能力必須要加以培養。

社區居民參與社區公共事務能力的培養，可經由理念的教育與傳

授，以及實際行動的示範與展開兩大方法與途徑。社區工作者要能有效培養此種能力，必要善加設計，形成方案並加以執行。也可以常在社區中舉辦團體性及公開性的公共事務座談。在社區中也要有實際的公共事務可供社區居民參與。

## (三)處理自身問題能力

社區居民若能人人都有善於處理自身問題的能力，社區工作便可功成名退，也可少再費力費神。但事實上此種能力都未能盡如理想。無法處理自身問題能力的人不少，有因先天條件不足，也有因後天努力不逮者。

用心並有能力的社區工作人員，有必要將此種個人能力的培養也當成神聖工作的一環，兼作教育家的工作。社區居民需要處理自身的問題，可分為平常性的問題及特殊性的問題。平常性的問題是指其在日常生活中所遭遇的問題，包括食、衣、住、行、兒女教育、俸養父母，以及社區內公共活動上的問題等。這些問題是社區內的人人都會遭遇到的。特殊性的問題是指某人或某家庭所特有的問題，是別人少有的。特殊窮困、災難及病痛等問題都是。

協助社區居民處理自身問題能力的方法與技巧有很多種，如教育輔導、諮商協助、救濟等都是常用的方法與技巧。有助解決一般性問題能力的方法大致較為穩定不變；但對於幫助解決特殊性問題能力的方法，則較有差異性與變動性，視實際問題的特殊狀況而定。

## 八、社區意識的增強

增強社區意識，必然是社區工作方法與技巧應對的重要目標，因為許多社區公共事務的展開都需要有社區意識作為基石。也因為不少居民都缺乏此種共同意識，故必須增強。如下說明幾項增強意識的項目。

## (一)覺醒

意識是一種心理的感受。社區意識的建立與加強，必須社區居民有覺醒，覺醒其重要性以及覺醒其缺乏的危機，就像國民要有國家意識一般。如果缺乏國家意識對於國家存亡就不會很關心與在意，國家滅亡了也不會怨恨。如果缺乏社區意識，則對社區衰敗破落，同樣也不會去關心與在意，故也不會想要發展與改善。

社區意識的覺醒要由社區中的每一份子起動，不能僅靠少數的人覺醒。當然在覺醒的過程中，可由少數先知者先覺醒其重要性與危機感再影響到他人也跟隨覺醒。增加覺醒的方法與力量則有下列三要項，即認同感與歸屬感、光榮感與合作意識。

## (二)認同感與歸屬感

對社區的認同感與歸屬感是關心社區及愛護社區的心理基礎，因此建立與加強社區居民對社區的歸屬感與認同感是社區工作的重要目標，由建立與加強認同與歸屬社區的心理，而增強對社區的愛護與效命的意願。

要增強個人對社區的認同感與歸屬感，個人與社區都要努力。個人方面要多自問能為社區做什麼，及做了什麼？少過問社區為自己做了什麼。社區方面則要多做些對社區份子有益之事，使社區份子樂於居住在社區中，以屬社區一份子為榮耀。

## (三)光榮感

社區的條件良好，包括能造福居民，居民便會感到光榮。居民對社區有光榮感便會願意久留社區中。即使不得已離開社區，移居別地，也會對社區感到留戀。居民對社區若都有光榮感，常因社區曾有

光榮的事蹟，包括出現過偉大人物、有偉大的建設，以及發生過偉大光榮的故事。為使社區居民對於社區能有光榮感，社會工作者乃有必要協助創造，創造偉大的人、事與物。

## (四)合作意識

社區是一種組織與團體，此種組織與團體要能長存並持續發展，需要有社區份子的互助合作意識與行為。合作意識的有效培養方法是使社區居民瞭解、認識與體驗合作的好處。經濟性的合作組織與活動，可使參加份子得到實際的經濟利益。社會性的合作團體與活動，則可使參加份子感到滿足。各種合作組織與活動要能順利運作，則參加的份子必須要有合作的意識。

# 九、綜合多元的工作面向與範圍

社區工作方法與技巧所應對的目標對象與範圍是多元廣泛的，包括：(1)農工商產業；(2)社會福利服務；(3)衛生保健；(4)休閒娛樂與體育；(5)保全治安等。其中有關社會福利服務、衛生保健、保全治安的工作目標在前面已有述及，於此再補充對農工商產業以及休閒娛樂與體育活動等的工作目標與對象的說明。

## (一)農工商產業工作

農工商產業可當成企業視之，其主要目標是營利性。在台灣的農產業是一種家庭式的小農制度，經營目的以能糊口維生為主要目的，不容易發財致富。大眾化的中小工商企業，謀生的意義與性質濃厚，發財致富的機會較小農產業者略為大些。對於農工商產業的輔導工作，常需要由另類的工作人員擔任負責，如農業推廣教育人員，以及

工商企業管理專員等。社會工作人員則較少有置喙餘地，也較不願介入干預。惟不少擔任社區工作的村里幹事，對於村里中低層弱勢的產業工作者，都應責無旁貸，負起協助與輔導的使命。其協助與輔導的重點在於提供與牽引有助產業發展的政策、法規與辦法，使經營者能實際獲得幫助的好處。

## (二)休閒娛樂與體育工作

休閒娛樂與體育有助行為者增進生理與心理健康，故也為社區工作者所提倡與輔導。此類活動多半是花錢性的，社區工作者的輔導工作重點並不在於增進收入，而在能合理支出，不因行為不當而成浪費奢侈。

此類工作也常由有經驗、有專長且是熱心人士以志工或義工的方式擔任。志工的角色包括增進活動的趣味，以及約制活動內容，不使偏差了方向。

# 第二篇

社區整體性發展的
工作方法與技巧

社區是一種具體而微的社會，首先應以整體性的觀點與角度視之。對於社區整體性工作的首要目標應以發展為重。而重要的發展工作方法與技巧則有多種。本篇指出四類重要者，即社區組織、社區自力更生、外力援助與運用社會衝突與競爭原理，分別加以探討與分析，運用起來必能有助社區發展工作的進行。

# 第三章

# 社區組織的發展工作方法與技巧

- 組織為工作的重要策略
- 組織的設立
- 組織功能的展現
- 組織的管理
- 組織的評估
- 組織的調整與改變
- 組織的終結與再生
- 各種社區組織的名稱及其工作功能與方法

# 一、組織為工作的重要策略

社區工作使用組織的方法與策略，是一種優良有用的方法與策略。此種方法與策略的優良有用因有許多好處。這些好處是用其他的方法或不用組織的方法所得不到的。

## (一)組織的好處

在本章所指社區組織是將整個社區加以組織，而不是只對社區的一部分加以組織而已。將社區加以組織對於社區工作有下列多種好處：

### ◆事半功倍

組織對工作最大的好處是事半功倍，使工作容易達成目標。其所以能事半功倍，因為組織將人與事作最適當的安排，專門的事由專門的人去負責，故有效率。且在組織體內各部門之間及上下位置之間都有良好的聯繫，結構清楚，權責分明，不會混亂，也不會相互綁腳與阻礙。

### ◆個人能發揮所長故能滿足愉快，團體或組織也能和諧圓滿

組織能作適人適事的安排，故每個個體都能發揮所長，為組織盡最大的貢獻，也可從組織得到最大的報酬，每個人都能滿足愉快，組織也能和諧圓滿。

### ◆有利組織的成長與發展

有效的組織使每個份子都能發揮所長盡其所能，順利有效完成工作，有利組織整體的成長與發展。不僅能達成原定目標，且可能發展出由個人特殊才能所產生的新成果。

◆組織可適當合理利用資源

　　因為組織講求管理，不僅管理人與事，也管理物，包括資源與產品。資源經過合理有效的管理，便不致浪費，能作適當利用，也能作適當的維護。

◆建立結構，講究協調

　　組織經過運作，累積成效，形成條理，加以穩定，便形成結構。結構形成一種資源，方便供為後續的運用。有組織性的結構，都很講究各部門的協調。

　　因為組織有上列的多種好處，社區工作運用社區組織的方法，便能得到上列的諸多好處。值得社區工作者的珍惜與運用。

## (二)運用組織的策略

　　能供為運用於社區工作的社區組織有兩類：一類是原有的組織，另一類是新設的組織。為能推展社區工作，可借用第一類組織，也可使用第二種新設立的組織，這兩種組織運用起來，各有其優劣之處，將之說明如下：

◆借用原有組織

　　此種方法是較為省事，只要原組織同意，便可負起新增的社區工作項目，不需再從新招募組織成員或訂立規則。社區中原有的組織可能不少，在鄉村中社區委員會、社區協會、廟會，長青會或老人會、四健會、家政改進班、農事研究班、產銷班等組織是普遍存在的老組織。在城市中較多興趣性的組織，如登山社、棋社、晨操社、讀書會、補習班等也都是現存的老組織。

　　非營利性的社區工作要借用社區中原有的組織來推動，不無可行的情況，但也有困難的情形。原來是興趣性或付費性的都較不願意供

為借用，但原來是較公益性，較不需付費的組織，就較可能接受被借用。

　　借用原有組織推動社區工作，雖有較省事、較快速進行的效益，但因原組織的宗旨與新加入社區工作的目標不一定能完全吻合，銜接起來，也有可能不十分密合的弊端，需要費點功夫加以調整。

◆設立新組織

　　使用組織推動工作的好處已說明於前，故要推動社區工作，很必要使用組織的過程與方法，社區中若無適當的原有組織可借用，就必要設立新組織。設立新組織有如下幾項重要的祕訣，不可缺漏。故要由設立新組織推動工作，需要費點時日，是其缺點。但因新組織是為特定工作的推動而設立，故不致有或少有組織與功能不能密合的問題。

# 二、組織的設立

　　社區中要設立新組織來推動社區工作，必要包含下列四項要素，不可缺漏。

## (一)決定目標與範圍

　　新設立的組織，工作目標要能明確。目標是組織行動的方向與標的，也是促進行動與反應的力量，可引導組織達成任務，克盡功能。目標也可供為外人瞭解組織特性，幫助組織取得合法的資源，並可供為衡量組織成績的標準。目標對組織如此重要，故在設立組織時，必須將目標設定清楚，包括要有明確的範圍，明定參與者或受益者，可能是社區中的所有人或某種特定的人。

## (二)招募人員

組織的主體是人，設立組織先要招募人員。如果成員涵蓋全社區的人，有必要取得其同意。若只是社區中的一部分人，更有必要經過招募與選擇的程序。在開始招募的階段，若有興趣加入的人比預期的少，便需要費心鼓吹與勸進，若有興趣加入者比預期的多，則需加以選擇，僅選擇相對合適的人加入。

常見社區工作很需要志工的協助，志工是無酬的工作者，故常需經過招募的過程。招募時並不適合用利誘，因與志工精神不合，乃較適合以義取的方法獲得。

## (三)建立結構

組織要能發揮功能，必須經由建立結構的程序與方法。結構是指一群人當中為能有效分工合作，而必須使其有上下左右的區分與連結關係。也由在不同位置的人擔負適當的角色與任務，分擔不同的事情來做。

組織結構視人數多少以及目標性質而作多種不同方式的設置與安排。一般都以設成金字塔型最為常見，亦即在上端位置較少，在底部的位置較多。人數眾多的組織，結構的層級可能較多。人數較少的組織，層級可能較少。每一層級掌管人數的多少，則視掌管人的能力大小及層級與總人數的比例而定。能力較強者可管較多的個人或單位，反之，則只能掌管較少的人或單位。又人數多層級少，每一層級管的人便較多，整個組織形狀會較扁平。如果人數較少，層級較多，則每一層級需要掌管的人數與單位就較少，結構的形狀會較尖峭。

### (四)籌設資源與設備

組織要能有效運作，必須要有資源與設備來配合人力，以人力去運用資源與設備，來達成組織的使命與目標。人力以外的重要資源以金錢及原料最為重要。運用資源時，要能作適當的配合，才能使功能效果達到最佳境界。

組織的設備視組織的性質而定，如果是生產性的組織，便要有生產性的設備，如廠房、機械及倉庫等；如果是事務性的組織，則最需要有辦公室、桌椅及文書設備；如果是服務性的組織，便要視服務的內容而定，醫療服務最需要醫療器材，娛樂組織最需要樂器及玩具之類的設備，安全性的組織則最需要安全器材。

有良好的資源與設備，還要能善加利用，使資源與設備發揮最佳效能。用完之後，也要能妥為維護，留作往後持續使用，則資源與設備才能發揮到最高效用。

## 三、組織功能的展現

社區組織要加以運作才能展現功能，主要的功能是為社區的人服務造福。在運用組織使出功能時，必要掌握三大要點，舉出並說明如下：

### (一)針對目標運作

組織的運作要能針對目標，才能有效使出功能。未能針對目標運作，會造成浪費，也無法有效達成預計的目標與功能。

## (二)用心盡力工作

組織要能使出功能，每位工作者都要能用心與盡力，不可稍有怠惰或疏忽，否則徒有組織形式，難有組織的功能。

組織中的個人用心盡力的原則是要能固守本身的職位與角色，克盡本分，但也不宜越權，否則會使運作系統紛亂，反而無助組織整體功能的發揮。

## (三)使功能立竿見影

組織使出的功能要能立竿見影，才較有保證。雖然組織也可能有潛藏性的功能，不必在短時間內明顯展現，但遲早都以能立竿見影的功能最為可貴，也最能被見證及信賴，立竿見影的成效對組織也最能產生激勵的作用。

社區內不同目的的組織，表現立竿見影的功效可能各有不同。經濟性組織的功效是要使人能見出社區居民的經濟條件有明顯改善；社會性組織的功效是要使人能明顯見證或感受到有安定的社會秩序，平和的社會氣氛及健全的社會制度；政治性組織使力的結果，要使人能感受到國家和平，人民安和樂利的效果；醫療組織使力的結果，則要使社區的人都能維護健康，少有病痛；安養機構與組織使力的結果，則是使老人都有安樂的居住及照護場所，都能安心與自在的生活。

# 四、組織的管理

社區組織體需要有良好妥善的管理，才能發揮功能，造福社區居民。組織管理的面相很多，要點也很多，重要的管理面相包括管人、管事及管物。管理的要點則包括計畫、執行、控制、獎懲與評估等。

如下選擇四種重要且尚未提及的管理項目的要點加以說明。

## (一)激發與指導

組織工作要能有良好成就，必須每位組織成員能有工作的熱誠與能力，這種熱誠與能力，有賴工作者或組織領導者的激發與指導。

並非每個組織份子先天就有為組織工作的熱誠與能力，常需要經過激發與訓練。激發組織份子熱誠用心參與工作的辦法有多種，直接的辦法有獎勵、表揚、晉升、報酬或回饋，以及前面所提增進其對社區的認同感與歸屬感等。間接的辦法則可經由健全組織的條件，包括領導者樹立良好的風範、運用良好的策略、表現熱誠的示範，以及促進組織的團結力等都是有用且重要的方法與技巧。

對於參與社區工作能力較低的組織份子，則要多給指導或訓練，指導其增加工作的知識與技能。人有較強的能力，就可能會有較強的工作動機，工作起來就會較有效能。

## (二)瞭解與安撫

社區組織的份子難免會表現對於組織較少有向心力，甚至會有不滿、叛逆、不合作的情形，很需要組織管理者加以瞭解其原因並給以安撫。

有問題的組織份子，可能出自本身的原因，也可能是組織的缺陷所造成。管理者或組織領導人必須悉心瞭解，才能找出真相，才能有效安撫並解套。普通的管理者或領導人遇到不良組織份子作怪不合作時，常會表現反感與排斥，這種反應卻可能使真正問題潛藏並腐化，終會吞食或敗壞組織的正常功能。管理者與領導者必須非常耐心與用心地去探索和瞭解，如果發現原因不是出在反應者，就應給以必要的安撫。

## (三)獎勵與懲罰

對於工作有功、有助社區的健全與發展的社區組織成員，必須給以獎勵，對於阻礙與妨害社區健全與發展的不良社區組織份子，則有必要給其警惕與懲罰。獎懲分明才能凝聚社區組織份子的向心力與團結力，社區組織也才能健全與發展，對於社區才能做好工作，盡好功能。

## (四)適當的言語

社區組織管理的一項很重要的技巧是適當的言語。鄉村社區內的人際關係多半處在非正式性狀態，對於正式的規範並不十分重視，反而很注重非正式的情感因素。要維繫社區居民間的關係與凝聚力，適當語言的傳達常比正式獎懲辦法更為有效與合適，值得社區組織的管理者注意與深思。

# 五、組織的評估

要能有效應用組織的方法與技巧於社區發展工作上，對於所運用的組織，必須加以評估。評估的目的是在肯定其功效與優點，及找出缺點與毛病，作為改進之用。評估組織的要點有以下兩項：

## (一)成效評估

### ◆意義

組織成效評估的意義是在衡量組織的目標有無達成及達成的程度，以及檢討目標達成與否的影響原因與後果。

◆評估程序

要評估目標達成與否及相關情形，必須要經過數個系統的程序。首先是蒐集有關的資料，可用多種方法蒐集，包括參閱工作者的報告、訪問或探訪受顧者的反應，以及輿論的說辭等。進而將資料加以分析，有些資料需要加以量化統計，有些資料則需要再經過抽絲剝繭，理出脈絡，再對分析過的資料加以判斷或下定論。

## (二)效率評估

◆意義

此種評估的要義是在比對投入與產出的比例，藉以判定工作方法或過程的效率。投入少產出多，表示效率高。反之，投入多產出少，表示效率低。效率評估常用在評估工作方法上。

◆途逕與模式

可用為評估工作方法效率的途徑與模式有多種，有所謂全面品質管理（Total Quality Management, TQM），此法是用來改進組織能力的管理體系，且以層級分析法（Analytical Hierarchy Process, AHP）當為加權量化TQM成效的方法。此外，資料封包分析（Data Envelopment Analysis, DEA），也是常用為分析產出投入比率當為效率的技術。所謂封包是指將多種有關產出與投入的資料都包含殆盡，沒有遺漏之意，故其計算出來的效率也是最可信的。

## (三)評估的困難與盲點

社區工作的成效及效率評估難免會有困難與問題，不能保證能順利進行，且品質一定良好。主要的困難與問題有下列幾種：

◆不明的情節

有關評估的不明細節很多，再精明的評估者都有可能難知其全部，以致其評估的內容或結果會有精細不足的限制與問題。

◆行政權威的干預

社區工作有者是由行政機關所執行，或其計畫與執行都與有權威的行政機構有關，評估時可能受其干擾或阻礙，如資料不能外洩，或未作整理等藉口，而未能配合，致使評估工作難以進行，或難以掌握正確資料。

◆外界輿論的影響與干擾

外界的輿論對於有些社區工作方案未審先判，企圖影響與干擾，可能誤導正式的評估之結果。

◆推動者與評估者一致

不少評估工作都是推動者自己擔任，或由推動者聘請評估者，以致評估結果會有偏失。此類評估常會偏向正面的成果較多，負面的檢討或批判較少。

◆評估專家欠缺的問題

良好的評估工作，要由優良的專家才能做成。但事實上優良的評估專家也很有限，被指定為評估者，常未具備優良的評估能力，以致其評估結果品質也會受限。

◆評估工作省略的問題

詳細的評估工作相當繁瑣，困難也很多。評估者常會避重就輕，省略麻煩，以致評估結果未能完整，或品質被打折扣。

## (四)改進評估的方法

社區組織工作的評估會有不盡理想之處，必須力求改進，改進的方法很多，如下列舉數個要項並加以說明。

### ◆廣泛瞭解與講究評估方法

可用為評估的方法很多，但有者較為適用，有者較不適用，評估者先要經過廣泛瞭解，而後進而講究選擇最適用者進行，才能獲得較佳的評估結果。

### ◆選用與社區組織工作內容最相配合的方法

用為評估社區組織工作的最佳評估方法是，能與組織工作內容相配合的方法。適合組織的性質及其工作的內容是最佳的評估方法。

### ◆有多種評估模式可供參考

評估專家Shapiro提出四種評估模式，都值得評估者參考並選擇使用，這四種模式是：

1. 合理選擇模式：此一模式是指選擇最能合理改進工作決策的評估模式。
2. 科層的政治或執行模式：依此一模式，則與社區組織工作有關的人都應參與評估，而各評估份子可形成政治結構性的關係，有人位居高處，有人位居底層。同類或性質相近的評估者則結合成一評估小組。
3. 組織過程模式：此種模式是將評估事項加以系統化、組織化，使評估過程能有系統並順利進行。
4. 認知過程模式：此一模式指評估者對於評估事項與方法要有充分的認知。準備工作越充分，認知也越充分越正確，評估的品質也才能越良好。

◆運用廣泛的評估理論與方法於評估的實務上

　　熟悉的評估理論與方法越多，評估的工作便能做得越正確，越周延且越精細。值得參考並運用的方法除了上述者外，還有如下兩要項：其一是參考使用大量資料並配合歷史資料，對社區組織工作做深入的評估，這種資料常由大學等研究機構或政府機關整理而成；其二是能將評估結果系統整理寫成書面報告。有此評估報告，才能廣傳，才能發揮評估的價值與用途。

# 六、組織的調整與改變

　　當為社區工作工具與方法的組織，因為外在環境會改變，影響組織的許多方面也需要調整或更變。影響社區組織改變的外在環境條件，較重要者有社區的人口數量與組合變動、政權輪替或政策變遷、經濟景氣改變及環境條件突變等。由於環境改變，社區組織需要調整與改變的面相，主要有規模、目標與功能、結構、管理等。茲就這四方面可能調整與改變的內容說明如下：

## (一)規模改變

　　社區組織的規模，因社區人數的變遷，或其他環境的改變，可能變大、變小或不變，社區人口增多，要求加入組織的人數增多，致使社區組織規模可能變大。反之，當社區人數萎縮，也可能影響社區組織規模變小。福利性的組織規模可能會因經濟景氣的變化，資金來源改變，而改變其經營的規模。

## (二)目標與功能的調整與改變

　　社區組織目標與功能可能調整與改變的方面包括兩要項，即「量

的增減」及「質的改變」。「量的增減」包括可能計件、計人、計重、計錢等不同的計算方法；「質的改變」則可能包括投入的人力、資金及設施等的品質，以及福利與服務等產出品質變好或變壞的不同情形。

## (三)結構的調整與改變

因為組織規模與目標改變，組織的結構也可能隨之需要調整與改變，變為更能配合規模，實現目標。結構改變的內容包括變為更複雜或更單純，也包括其施展的權力結構變為更集中或更分散等的不同情形。各種不同結構的變遷都潛藏著深層的意義，包括關係組織的興衰、經過的階段，以及與目標的特殊關聯等。

## (四)管理的變遷

組織在管理方面的變遷涉及領導形態與決策形式的改變、計畫內容的改變、執行與控制計畫形式的改變等。領導形態的改變可能變為較民主或較獨裁；決策形式可能變為更集中或更分散；計畫內容的改變牽涉計畫的目標、執行的投入因素及產出的種類、品質及數量等；執行與控制計畫的形式也可能變為更嚴格或更鬆懈，以致偏差變小或變多的不同情形。

# 七、組織的終結與再生

## (一)終結

組織常因業務或功能的完成或失敗而終結。終結組織是將組織的大門關閉，組織的活動停止。許多社區工作會因階段性完成任務而終

結，也可能因無法展現功能而被迫終結。

　　終結的社區組織可能經由改選、改組，再賦予新任務與目的而再生。再生之後的組織，必然與原組織有差別，包括結構與目標的差異，以及經營策略與方法的差異。

## (二)新目標與新結構

　　再生的組織目標可能與原來目標完全不同或作了修改，結構也會有所改變，人與事都可能更換。在社區中重要的組織常見有派系更替或世代更替的人事變遷。

## (三)新策略與新方法

　　再生的新組織採用的經營和管理策略與方法會有不同，新人新作風，新舵手新航向。組織換了，新的人事與局面也可能變爲昨是今非的不同標準與規則。

# 八、各種社區組織的名稱及其工作功能與方法

　　全世界各類社區中都有多種組織的存在，這些組織的名稱互有不同，都爲社會實體，也都爲社區工作與服務的工具。在此列舉數種重要社區組織的名稱並說明其工作的功能與方法，以助讀者瞭解實際情形。

## (一)村里民大會

### ◆意義

　　自二次大戰以後，台灣村里社區中此種正式性社會組織成立最

早，是最基層的行政組織。是國民政府為推行地方自治而設立。依照民國85年政府發布的「臺灣省加強推行村里民大會工作要點」所記，此種會議每年開會一次，必要時可召開臨時會議。推行的主旨是為能表達民意，宣導政令，發揚倫理道德及促進地方建設。

### ◆要旨或功能

鞏固地方自治基礎，提高民主意識，培養國民道德，改進社會風氣，聯繫民眾情感，促進愛鄉情操，溝通民眾意見，結合輿情反應，團結村里民眾，繁榮地方，增進國力等。都是設立村里民大會的要旨或功能。

### ◆推行原則

推行原則共有六項：

1. 加強全面宣導，體認與會真義，自動自發出席會議。
2. 會前周密準備，充實開會內容，結合民意，增進會議功能。
3. 訓練主席人選，熟悉會議規範，溝通民意，貫徹政令推行。
4. 切實執行議案，嚴格管制追蹤，重視輿情，解決村里問題。
5. 配合基層建設，興建集會場所，運用民力，促進地方發展。
6. 劃分推行任務，加強考核獎懲，健全基層，發揮工作效能。

### ◆開會方法與程序

1. 村里民大會每年開會一次，必要時得召開臨時會。召開日期、時間、地點，應配合村里民工作、生活及起居情形。
2. 村里民大會以各村里分別召開為原則，但也可斟酌實際情形聯合或分開舉行。
3. 開會前十日召開預備會議，由轄區內的村里長、鄉鎮民代表、人民團體幹部、鄰長等共同參加，商討開會方式、地點、討論主題及會議程序。

4.開會日期、時間、地點應於開會七日前公布並印製及分發通知單。

5.會議由村里長或經驗豐富的人擔任主席。

6.會議時由中小學教師、警員、各種基層行政機關及民眾團體代表出席輔導及解答村里民的詢問。

7.會議討論事項以有關村里公共事務為範圍。決議送請鄉鎮區公所處理。

8.鄉鎮市區公所應派員參加會議，負責督導與考核工作。

9.會議所需費用由地方政府視財源作適當的編列與開支。

## (二)社區委員會

### ◆意義

社區委員會係由社區居民所組成，原則上每個社區內的居民都可成為委員，但也有以住戶作為組織單位的情形。在台灣社區委員會的意義與村里民大會的意義雷同，都是由村里社區的居民所組成。

在中國有社區居民委員會及村民委員會的名稱，前者簡稱社區居委會，是中國城鎮地區基層群眾的自治組織，後者村民委員會適用於農村地區，由村中居民所組成。

### ◆功能

台灣的社區委員會或中國的社區居委會、村民委員會的組織名稱上都是自治性的組織，卻都有政府輔導或干預的影子，其主要宗旨或功能都是透過委員會組織的開會與行動的運作，解決村里社區的共同性問題。

## (三)社區發展協會

### ◆意義與性質

此種組織是台灣針對促進社區發展，增進社區居民福利所設計的一種自發性非營利社團。組成份子為社區中較為熱心的居民，但並不一定包括所有的居民或住戶。此種組織的設立依《人民團體組織法》，設有理事長、理事、監事、總幹事、會計、出納、總務及會員等。

### ◆功能與業務

此種組織的功能或工作業務為社區發展性或建設性者。各社區的特性不同，問題、需要、較迫切發展與建設的目標不同，故其設定的發展或建設方案也會有不同。

## (四)社區某協進會

### ◆意義

社區某協進會的意義是指在社區中為協助推動某特定目的而設立的組織。出現協進會的名稱有社區組織協進會、社區安全與健康協進會、社區發展協進會、社區教育協進會等。

### ◆功能與業務

各種社區協進會都有其特殊協助目標，如前面所列各種協進會，有者是協助推進社區的組織，有者是協助推進社區的安全與健康，有者是推進社區的各種發展，有者是推進社區的教育。由於協助推進的目標不同，其細部的做法也可能不同。

# 第四章

## 自力更生的社區發展工作方法與技巧

- 建立自我信心
- 培養自我能力
- 動員內部人力
- 運用社區實質資源
- 制定與實施工作計畫方案
- 堅強應對艱難與困境
- 承擔失敗的責任

# 一、建立自我信心

## (一)理解自力更生的意義與重要性

### ◆意義

個人自力更生是以自己的能力發展自己，在社會上立足生存。社區自力更生是指以社區內部的力量，運用社區的資源，解決社區問題，促進社區發展。

### ◆重要性

個人與社區必須自力更生是因為此種發展方法與策略最可靠，本身最能掌握。事實上，依賴他人或外界的幫助是可遇不可求的事，所謂「日頭赤炎炎，隨人顧性命」，多數的人都以自己的生存為優先，少有先能照顧他人而不顧自己者，社區也是如此。

人與社區要能獲得他人或外界的幫助，也必須先證明本身有某種程度的自立能力，他人或外界才不會覺得出手幫助是白費氣力，而願意伸出援手。窮苦的孩子想要獲得獎學金必須證明自己會唸書。窮人想要獲得生產補助金，必須證明自己不會亂花錢，且要有能力可以證明經營生產事業可以成功。這種證明常要依據他過去的成績與努力。同樣的道理，社區想要獲得外界的援助，也要證明自己曾經努力過，且有某種努力的成績。故自力更生不僅是自謀生存的要訣，更是獲得他人與外界援助的不二法門。

不少曾經犯了律規，坐過監牢的人，更要能夠理解自力更生的重要性。坐監者出獄之後危險性特別高，處境也特別困難，更需要有堅定的毅力，自我努力克服危險與困難，才能更生，才能重新在社會上立足與生存。雖然我們的社會對於曾經受過刑的人設有觀護的制度，

協助其度過危險與難關。但更重要的是，出獄的人能自我克制誘惑並抵抗壓力，加倍努力重新做人，才能平安重新站穩腳步。社區的情形雖未有受刑的情況，卻會有破敗的境遇，處於破敗期間，也與人受刑時無大差異，需要社區的人共同克服困難，才能較快度過難關，自立發展。

## (二)樹立自我意識

社區要能自力更生，促進發展，首先也要由社區的人能樹立自我意識，知覺社區概念的重要性，並願意為社區效力，改善社區的條件，解決社區的問題。社區要能樹立自我意識，則社區的人必須先能瞭解社區的重要性，接著要能瞭解本社區的可貴性，再知如何將本身與社區結合在一起。

◆瞭解社區的重要

社區是人類立基居住與活動的地域，有社區，個人與家庭才能方便生活，不必與人群隔離，不必樣樣都得自籌。社區內的個人及家庭能由分工而相互服務，彼此都能生活得更方便、更滿意，也可以過得較安全與較安慰。在社區內演好角色盡好本分，會有人欣賞，做錯了事也有人糾正。社區使人得以成長，人不能沒有社區，不能過沒有社區的生活，因此要珍重社區，愛護社區。

社區是大社會存在的基礎，因有社區而能使社會茁壯，使人類生活的程度更上層樓。由社區特性孕育了大社會的重要條件。當人不易從大社會感受到許多好處時，卻能從較小範圍的社區獲得與感受到。

◆瞭解自我社區的可貴

每個人都有一個屬於自己，也是自我歸屬的社區，這個社區可能是他的出生地，也可能是他的第二故鄉，自己的社區不僅能直接給自己生活上的方便，也可保護本身的安全。社區能給個人身心的安全，

是因為住在社區中，社區可提供生存所需要的糧食與日用品，可幫個人提供醫療及防衛的安全設施與服務，使人可免於受到災難、危險與威脅。

社區可能出現人傑，也可展現地靈，使居住及活動其中的居民都能分享它的榮耀與光輝。人因居住或歸屬一個優良的社區而有榮耀，受人尊敬與羨慕，也能使自己感到滿意與驕傲，這些都是因有一個良好的歸屬社區的好處與重要性。

◆結合自己與社區的關係

要自立社區意識，除了在心理上要能自覺社區的重要性外，在行動上要將自己本身與社區緊密連結在一起。不僅有求於社區的服務與貢獻，也要能對社區盡服務與貢獻。意識到自己的一言一行與一舉一動都會影響社區，本身呼吸的每一口氣也都深受社區的影響。社區的興衰與本身的成敗有關，自己的勤奮或懶惰，為善或為惡與社區的成敗也都有密切關係。本身與社區的正確結合是，能在社區中占據適當的地位，扮演適當的角色，為社區做適當的事，盡適當的責任。

## (三)肯定自我能力

社區要能自力更生的發展，社區內的人也都先要能肯定自我的能力。能肯定自我能力，才會有自我發展的勇氣與意願，也才會有自我發展的行動。

社區居民要肯定自我能力，以能由每人內心自動萌發最為可貴。但如果未能人人皆自我肯定，便很需要社區內有能力、有信心、又有熱誠的人，加以鼓吹與影響。自我能力的肯定也不能單靠吹噓膨脹，而要能篤實估量。在開始時缺乏自信無妨，但可由努力學習而獲得。

## (四)認清社區有機體的概念

　　所謂有機體是指社區內的人與人之間及各部門之間互有關聯，形成一體，而非成為不相關的散置機械零件關係。有機體的一小單位有任何差錯都會牽連全身。社區居民必須有此認知，才會為社區的發展共同努力，自謀解決問題。否則自顧自己的生死利益，各自為政，很難有自我整體發展的行動。

　　一般在鄉村社區的居民要認清並形成有機體的概念較為容易也較可能，但在城市社區就較困難，此與兩種社區的本質不同有關。惟當前的鄉村社區居民有機體的概念也漸不如前，很必要社區工作者加以傳述與鼓勵，使社區居民的有機概念增強，發揮「我為人人，人人為我」的脣齒相依的概念，相互密切合作。社區要能自我發展，先要有踏實穩固的心理基礎，才能充分自信，進行與運作起來也才不會有障礙。

## (五)瞭解自助的動態過程

　　社區自助是一連串的動態過程。不僅是一種心理態度的認知過程，還有許多實際行動的過程與步驟。本章如下各節所談都是重要的行動過程，社區居民必須有清楚的瞭解，也必須確定都能依此過程而行動，才能增強自信。重要的行動過程有許多種，包括培養自我能力、動員內部人力、運用社區實質資源、制定與實施工作計畫方案、堅強應對艱難與困境、承擔失敗的責任等。如下將這些行動過程再逐一加以說明。

# 二、培養自我能力

　　自力更生的社區發展，必須依賴社區內部的能力。但社區能力常

會有不足之處，需要加以培養。培養社區自我建設與發展能力的方法或祕訣則有下列多項：

## (一)決定意志

能力的培養先要從決定意志開始，亦即要下定培養的決心，有決心才會有行動。如果意志不堅，行動軟弱，能力就很難增強。能上進讀書、經商與做事的人，都先經有堅強的意志，逐步努力，能力自然增進。社區自我發展能力的培養，也要先由社區居民決定意志開始。缺乏意志，能力就無法增進，社區發展也難有指望。

意志包括意念與志氣，在此也要強調具有培養自我能力的意願與志氣。重要的意念，包括培養自我能力是重要的，是非要有不可的，是可行的，不是遙不可及的。重要的志氣則是要有培養自我能力的自信、自豪。若不努力培養是慚愧的、羞恥的。社區居民若都能有這些意念與志氣，必定會很努力使用各種方法，培養自我能力，並將之運用在社區的發展上。

## (二)學習

學習是培養自我發展能力的實際方法與行動。可供社區居民學習發展能力的方法與技巧很多，可從閱讀專書學習，可請專人講解學習，可經觀摩學習，可從大眾共同討論的過程互相砌磋學習，可從觀看相關影片或資料學習，也可由政府行政人員的指導而學習。人能虛心學習，能力就能培養增進。為了能增進社區居民團體的自我發展能力，多辦共同性的學習方法，會較容易得到效果。

學習有付費與不付費的兩種情形。在窮困卻需要急迫發展經濟的社區，客觀的條件是較適宜以不付費或少付費的方式加以學習。社區領導者及工作者很必要思索，多運用免付費或少付費的學習方法，來培養社區居民的自我發展能力。

## (三)參與

個人由參與各種相關社區發展的活動與場合，也是培養個人能力的重要機會。經由參與可多瞭解及多認識，也能增加勇氣，並獲得角色與地位，對於培養與增進自己的能力都很有幫助。

社區居民參與有關社區發展的活動，可從中培養能力的機會不少。會議、聽講、觀摩都是重要的參與機會。個人在參與時，認真的程度也關係其培養自我能力的效果。能較認真，效果會較大。若不認真，雖有參與但效果並不會很好。社區居民能否認真參與，可由其自我決定，但也需要社區發展的工作者或輔導者給予開導和監督。

## (四)操練與考驗

個人或社區自我發展能力的培養，最實際的方法與過程是親自操練並接受考驗，不能只是停留在心想或口說階段。參與是操練的開始，但尚未進入到操練的核心。核心的操練過程必須進入到模擬或實際的行動。在行動時，個人都有角色扮演及盡職務的責任。有人負責計畫，有人要出力執行。從實際操練的過程中最能體會自己能力的大小與得失，也最能瞭解能力增加了多少，以及需要再增進之處。

社區經過實際操練發展的過程，對於每個人的能力及貢獻也都會經歷考驗，包括考驗每個人是否能勝任扮演的角色，以及團體對各人能力的評價。這些考驗都是作為調整各種角色及整體組織的重要參考依據。

## (五)堅忍

不論個人或社區整體在培養自我能力時，都需要能有堅忍的意志。不可意志不堅，半途而廢，尤其是在中途遭遇困難時，更必須要

有堅忍的意志去加以突破與克服。

# 三、動員內部人力

自力更生的社區發展工作模式或方法，是要社區的人全權作主，也需要動員社區內部的人力來運作。動員社區人力的程序與方法約可分成數個重要部分，列舉並說明如下：

## (一)清點社區人力資源

清點人力的要項包括總量、具有各種不同技能人力的細項，以及各項人力的品質等。一般社區內可動員的人力總量約與其勞動力總量相近，不難一數便知。不同技能的人力則較難清點，先要經過認定、歸類及加總。

清點人力的目的是供為分配角色，以及估計配合性資源之用。清點出來的人力有者可以立即使用，有者則要經過培訓才能用。又各種人力有者可供內部調配運用，有者則可當為對外交涉或聯繫之用。有者可以當為發展工作的設計師或領導人，有者則較適合當為隨從者。

## (二)選拔人才

社區中必有能力較強的人才，可經選拔之後加以重用。選拔社區內部人才的方法與技巧很多，可由平時表現的紀錄加以選取，可由考試選擇，可由比賽選取，可由推薦選取，也可由自薦的方法選取。不同方法固然有其不同難易與精準度的情形，但最終目的都是在能選對人才，使其有效發揮所長，對社區發展盡最大的功效或貢獻。

## (三)講習與訓練

　　許多社區中的人才是要經過講習與訓練才能形成或突顯。講習與訓練的辦法很多，可用長期調集講習訓練的方法，可以在家經過遠距教學與訓練的方法；可經由短期集會講習與訓練的方法，也可由教師在觀摩現場講解的方法。不同的講習與訓練方法，適用的時機不同，產生的效果也會不同。

## (四)委以職責與任務

　　人才與人力的展現常要經過委以職責與任務，使其扮演角色，克盡職責與任務而展現。不論是扮演領導或隨從角色，不論是盡一般或特定的任務，對於自助的社區發展都會有貢獻。

　　社區份子在社區發展過程中所扮演的角色，或所盡的職務常要經過領袖下命或全體同意的方法與程序，才比較不會有差錯。原則上若由自己任命又未能獲得大眾同意的角色與任務，常會較爲危險，也較容易脫軌並出差錯。

## (五)提供實踐機會

　　要能動員社區內部人力，推展社區發展，便需要提供給各參與份子實踐的機會，這種機會包括在實驗階段，或在實行較大規模的發展時。人力有實踐的機會，才會熱烈表現成就，也才能獲得眾人的鼓勵。

　　如果對人力已做好選拔或講習訓練，而未提供實踐的機會，則所訓練的人才會因缺乏實踐與展現的機會，而失去熱誠與能力，對於發展的實質貢獻也未能有所表現。

### (六)整合人力運作

自助式社區發展的過程中，全社區的人都可能參與。但因社區人數眾多，結構複雜，有些發展行動很不容易能有共識與整合。

社區工作者必須教育與引導社區居民能夠共同合作，將力量加以整合，使能以最少的人數或最小的成本，解決最多的社區問題，獲得最多的發展效果。

整合社區人力運作的方法很多，較重要者有兩套概念與方法：一是功能的整合，亦即將各種不同的功能加以密切的結合，使其能將應有關係的個人或部門相互連結，相互幫助，並互通有無。另一方面的整合是規範整合，亦即努力使全社區內的人都能有一致的信念，一致的目標，並使目標一致達成。

## 四、運用社區實質資源

社區要能自力更生發展，除了動員內部人力之外，更需要啟用社區內的實質資源，這種資源包括土地、資金、原料及設施等。不同社區實質資源豐富程度不一，為能達成發展目標，都要充分與適當運用。運用的重要過程或方法包括下列五項：

### (一)清查社區資源

社區資源是指存在社區中的資源，共有哪些種類？多少數量？以及其中有多少可供利用者？都要經過清查的過程。

社區資源會有公私兩大類別，其中公共資源較能直接用為公共性的社區整體建設與發展；私有部分則要經所有權人的同意。為取得其同意，可能要經過洽商、交換、購置、捐獻等不同的方式與過程，才

能取得。

## (二)揭發潛在資源

　　許多社區資源不是顯而易見者，而是潛藏在暗處，需要明眼人去加以揭發。潛藏在地下的資源，或經人故意私藏的資源，以及較有特殊不尋常用途的資源，都是較不易明顯可見的資源，也較需要有慧眼的人去加以揭發。

　　要揭發暗藏的資源，有時需要經過較科學的鑽探。地下的石油、天然氣、地熱以及水等資源都是屬於此類者。有些不尋常又能作為妙用，卻不易被發現的資源，還有某些特定的廢棄物，或存在於自然界中的植物或礦物，也是可為社區帶來財富的潛藏性資源。

## (三)創造資源

　　有些可貴的社區資源本來不明顯存在社區中，卻可由創造得來。近來在鄉村地區創造具有休閒旅遊價值的休閒農場，以及可供賣錢致富的文創產業，如戲劇、影藝及育樂等，都是很典型的創造性資源。也有不少加工產品，包括農產加工品、礦產加工品或工業加工品，都是要經過相當程度的創意才能獲得的。

　　近來新世代的年輕人，有不少異於舊傳統的想法，也能在食物、雲端資訊科技上，以及在藝能上屢有創新與發明。其中也有不少能為其個人與社區帶來發展的契機。

## (四)利用資源

　　資源被清查發現有用之後，即要加以利用，才能展現發展的意義與功能。在利用資源時，需要重視合乎經濟原理的適當配合，以及合乎社會原則的正義公平，以及合乎人文原理的永續愛護。所謂適當

配合是指使用各種資源時，要使能融洽而不相剋，並能作適當的比例混合使用。所謂正義公平，是要不能特惠某部分人，卻損及他部分的人。而永續愛護是要作較長久利用的考慮，故要加以愛護與維護，不做殺雞取卵、斷絕子孫權益的方法。

## (五)維護資源

許多資源用完即滅，要使用它也要適當維護它。有些資源若能適當維護，便可源源不絕。社區的生產性土地資源最忌毒化，故在利用時，應小心謹慎，不濫用農藥或滲透有毒的金屬及其他化學原素。社區的林木資源，必要多加栽植，善加維護，使其能蓄水、美化及休閒遊憩的功能長久續存。對社區的資金資源不作浪費使用，或急速大量流失，以致造成內部實力乾涸。近來台灣資金大量流失中國，各鄉村地帶工業區利用率降低，鄉村居民就近在農場外就業的機會變少，嚴重阻礙社區的更新與建設，以及經濟生活的改善。

## 五、制定與實施工作計畫方案

社區自力更生的發展模式與方法，要經過制定具體的實施工作計畫方案並加以實施。如果未能制定與實施此種方案，則自我發展流於空談。工作計畫方案的制定與實施通常包括下列四大項目，也當作實施的四大步驟與過程。

## (一)宣示工作計畫方案

此種方案必須能獲得社區居民的同意與支持，才能展開實施。要能獲得同意與支持，則先要經過宣示的程序。宣示的內容包括工作目標、配用資源或元素、進程時間及預期效果等。有明細的計畫內容，

居民才能明瞭，才能作判斷並決定是否同意。

　　為能爭取社區居民的同意與支持，計畫方案的內容必須要實際合理，不能有虛假空泛，不切實際。如果計畫的人是社區中較有誠信的人，就較能獲得全社區居民的贊同與支持。

　　有些計畫的內容可能較為複雜難懂，需要多作講解說明。在一般社區發展方案中，需要作較多說明的部分是涉及動用私人財物的部分，必須要有合理的規劃，甚至要能申明大義，使社區中的人能瞭解其大義。

## (二)結合資源

　　工作方案的規劃內容必然要包含結合資源的部分。包括不同類屬資源之間的合理結合，以及各種資源適量的結合。結合資源的規劃必須要有可用的資源作為根據與基礎。如果可用資源充足，在規劃結合與使用時必須注意兩個問題：第一是選擇需要的資源；第二是安排需用資源的先後時機及位置。對於有些不必使用的資源，則也宜及早宣布不用，使其能預先作為他用的準備。

　　如果資源是有限的情況，特定的社區發展方案，必然會面臨與其他方案競相使用，則某特定計畫方案在設計結合有限資源時，必須更加細心，重點不在合理排除不宜使用的資源，而是將有限的可用資源作最合理的結合。合理的首要準則是考慮能有效達成目標，而所要達成的目標是能替社區帶來整體利益作為首要的考量。

## (三)展開工作

　　工作方案要實際展開行動時，必須注意三個連續的策略與步驟：(1)將工作目標再細分及分派；(2)設定工作進程的時間表；(3)細密取用資源。

以社區中的個人立場來看，參與發展工作的重要程序與步驟則有下列五項：

1. 弄清楚自己的工作目標，包括目標的全貌、完成後的情況、可能衡量的程度、可能發生的困難、可用資源的限制等。
2. 將行動計畫列成清單，將要達成目標的想法列舉出來。
3. 分析所列行動想法的必要性及有效性，排列重要順序，刪除較無效、較不重要者。
4. 將所列出的行動步驟組織成整套計畫，經仔細再思考之後，該調整就要再調整，使其更有順序，更有系統。
5. 按照所列想法實際展開行動，並檢討與監視行動有無朝向目標進展，也注意有無新的資訊可供利用。

依照以上這些程序，可較周密、較嚴謹地展開工作行動。實際上有些人開始行動起來，常會以快刀斬亂麻的方式不加思索就進行，這種展開方式較爲直接快速，卻較容易造成差錯，行動者不可不愼。

## (四)檢討成果與缺陷

制定與實施工作計畫方案的最後一項內容與步驟是檢討成果與缺陷。工作方案實施後必定會有成果，成果要經過驗收才能看清楚好處與利益，但也要經過檢討才能進一步發現其缺陷。這種驗收工作成果與檢討發現缺陷的過程常被稱爲成果評估。其目的是由發現成果而能肯定工作的信心，由發現缺陷進而能改善工作方案。

有關成果評估或檢討的技巧或方法有不少。於此介紹一種常用來評估較大型複雜工作計畫的統計方法，此法是由美國海軍所創的計畫評估技術（PERT），其目的是爲了節省完成一個目標的時間。當時間是重要因素時，很適用此法。評估重點在估算從完成一個小目標到另一個小目標的時間。當社區發展計畫較爲複雜時，或許可適合應用此

種評估方法。

此外，社區工作者也可使用調查方法、實驗方法、觀察方法、質問的方法、分析的方法、模型的方法、討論的方法等，作為評估社區工作計畫方案的成果與缺陷的方法、技巧或工具。

## 六、堅強應對艱難與困境

在社區自力更生發展的過程中難免會遭遇艱難與困境。困難與問題很多，有可能發生在發展方案方面，有可能發生在計畫者或執行者方面，有可能存在於社區及其居民之中，也可能產生在輔導與監督的政府方面，更有可能發生在配合的資源方面等。遭遇這些艱難與困境時，發展工作者必要能堅強面對，努力克服，否則工作方案會失敗，發展的目標也難達成。

克服各種艱難與困境的方法與對策也有多種，視艱難性質的不同而定。在此不易將繁多的克服方法一一加以介紹，只用堅強意志的概念來應對。特別要強調此種心理要素，是因為種種艱難與困境很容易擊敗一個人的工作意志，會使人前功盡棄，殊為可惜。樹立應對社區發展工作的艱難與困難的堅強意志的心理建設方法與過程有下列三要項。

### (一)認識艱難與困境的性質

要能堅強應對艱難與困境，首先要能認識艱難與困境的性質。是目標難達成？工具與方法難取得？或是在工作過程中會有阻礙等？瞭解這些困難的真相，才能找出合適的應對方向。接著要瞭解困難的水準或程度，是極端難？或僅稍有困難？對此問題能有瞭解，才能正確估計需要堅決應對或克服的程度，可免因準備堅定的意志不足而失敗，或準備過當而付出太多代價。

### (二)思考與應用克服的對策與方法

認識與瞭解困難的性質與程度以後，接著就應思考與應用克服困難的對策與方法。可用克服困難的方法很多，但最重要者是，能針對有效去除或減少造成困難的原因作設想。即使僅為去除或減少一種造成困難原因，方法也有很多種。大致言之，可使用較表徵容易的方法，可用科學的方法，也可用較奇妙或神祕的方法。

通常一般人克服生活上或工作上的困難有以下五種途徑或方法可用：

1. 正面學習增進克服的能力。如果自己能力不足則必須結合或聚合他人的力量來共同克服。
2. 發揮自己的全力來克服。
3. 要主動尋求機會並掌握機會，而不是等待機會。
4. 做好準備並完成份內工作，以備不時之需。
5. 存著一份希望夢想作為激勵的力量。

能夠用這些方法或步驟來克服困難，困難便可容易克服，工作便能較為順利與成功，生活也可較為順利與快樂。

### (三)堅定克服艱難與困境的意志

堅決的心理反面是優柔寡斷，意志不堅。面對工作上的艱難與困境，若不能意志堅決去克服，而存有優柔寡斷的不堅定意志，終會被困難所吞沒。要能堅定克服艱難與困境的意志，可依下列要點思考或行為，例如：

1. 相信克服艱難與困境會充滿希望與樂觀的前途。若未能有此相信，克服的意志就會鬆懈，未能堅定。

2.經三思而後行有助意志的堅決。越有細密的決策作基礎，克服
　困難的行動力量便能越堅強，意志也能更堅定。

3.能有充分的相關訊息作依靠。訊息越多，克服困難的成功率就
　越高，也可使人越有堅定的信心。

4.尋找可以克服失敗的範例或證據。有此範例與證據，便可去除
　或減少失敗的疑慮。

5.運用科學方法幫助自己的想法與行動。能運用科學方法來思考
　及實際展現克服艱難與困境的行動，成功率必然也會較高。

6.負責任。意志要強，必須要負責。負責任的人，也有承擔失敗
　的能力，心理上也會較有堅定的自信。

7.少有焦慮。焦慮是喪失信心的最大根源之一，要減少焦慮才能
　有較堅定的信心。

　　以上幾項可助工作者堅定克服應對社區發展工作艱難與困境信心
的方法或技巧，並非是萬全的萬靈丹，卻能有幫助。

# 七、承擔失敗的責任

## (一)失敗的可能性

　　自力更生的社區發展工作是可貴的工作策略與方法，不依靠外力
幫助，若能發展成功，更加可貴。但失敗的可能性也有。導致此種策
略與方法失敗的最可能原因是，資源短缺、經驗能力不足。在資源短
少的社區，全靠自己能力發展，成功的可能性尤低。未有發展成功經
驗與能力的社區，也難有效運作，失敗的可能性也不小。發展失敗可
能使社區內的人帶來失望與挫折，卻不可一蹶不振，長期墮落，需要
重新振作，再找發展的機會。

## (二)反省與檢討

發展失敗的社區很需要反省與檢討，反省與檢討重點應針對最容易導致失敗的兩大主因：其一是檢討發展的方案是否恰當，有無陳義過高，超越社區本身能力的情形；其二是社區內部是否盡了全力，有無矛盾與衝突而折損發展潛能。

## (三)承擔與改進

自力更生的社區發展模式是由社區自立自助，成敗都得由社區完全承擔。經過反省與檢討，對於失敗，要能改進。如果是因為發展方案的目標太高，超越本身發展能力，則改進的方法有三個大方向：(1)提升社區的發展能力；(2)維持原來目標，但要尋找外力的幫助；(3)調整發展目標，使其較能勝任。但如果反省與檢討的結果是，社區的經驗與能力不足，就更應充實經驗，增進能力。若有因為內部衝突、不團結而折損發展潛能的情形，更需要能痛改前非，消除缺陷，振作團結，救回生機。

# 第五章

## 外力援助的社區發展工作方法與技巧

- 外力援助是一種重要的社區發展方法與策略
- 取得外力的同意
- 尋求多種援助來源
- 獲得多重援助資源
- 保持自主原則
- 行使合作模式
- 選擇合適的幫助力量

# 一、外力援助是一種重要的社區發展方法與策略

## (一)需要外援的理由

有異於社區自助的發展模式與策略，社區也常藉外力的援助而獲得發展。其所以需要外力援助有兩項重要的主客觀理由，分別為：

◆社區內部資源與能力不足

一個資源貧乏、能力也欠缺的社區，客觀上很需要有外力的援助才能發展，否則難有發展的機會。在許多開發中國家的社區，長時間處在資源缺乏與能力不足的情況，故長期未能發展，也因此常引起開發國家的同情與注意，援助其發展。

◆外援的力量可促進社區自我發展的能力

社區外援的力量，常可能成為推動社區自我發展與成長的助力。因為有外力援助發展，可使社區嘗試發展的好處而增進發展的動機與意願。外力援助也可使社區學習到發展的方法與技術而增進發展的能力。

## (二)重要的外援機構

可能援助落後社區發展的機構來自數個重要方面：第一是本國政府；第二是外國政府；第三是國內外的慈善福利機構；第四是營利企業團體。援助者的真正動機有許多種，但援助後都有一個重要的共同效果，即是可以促進接受援助社區的社會、經濟等多方面發展。

# 二、取得外力的同意

　　獲得外力援助發展有若干重要的方法、策略與技巧。首先是要能取得外力的同意。援助機構都比被援助的社區處於較優勢的地位，除非其同意，才會使出援助的行動。優勢的機構絕不可能在不同意的情況下被迫提供援助。被援助的社區取得外力同意援助的手段或方法有幾種不同的情形。經過被援助社區使用多種方法請求，援助機構或單位可能給予正面的回應，援助才能進行。這些刺激與反應的互動行為模式有下列幾種不同情形，茲分述如下：

## (一)訴苦與同情

　　落後與弱勢的社區，請求外援的一種合理方法是由訴苦而獲得同情。訴苦的辦法有許多種，一種是主動向媒體或可能援助的機構及私人投訴，另一種是等專人來訪問或研究尋知時反應。訴苦以能獲取同情並願意提供援助為目的。但請求外援的社區卻不能因訴苦而惹人厭煩，故投訴或反應苦難的時機與內容要能合適，要能合乎事實並能生動，也要能不亢不卑，維持必要的尊嚴。

　　世界上許多獲得國際機構贊助的重大社區發展計畫，都因被援助的社區實在令人同情，有者是因為缺乏糧食使人挨餓，有者是因為流行病發，使許多人痛苦死亡，也有因為天災地變頓時陷入苦難者。這些社區都常由於有良心的媒體協助揭露或經人協助報導，終於能獲得外界的同情與援助，因而能解除或減輕苦難，並改善與發展生活的條件。

## (二)請求與承諾

在較為開發與進步的社會與國家，政府與民間的基金會都較有能力設置援助社區發展的專案或專款。需求援助的社區可以經由規定的辦法與程序，提出請求並獲得承諾。現階段台灣政府的農政部門正在推動的農村再生計畫，就是此種社區發展專案的性質，每年編列某些數量的補助專款，供需求的社區使用。

社區要能獲得此種專款，必須要能按時以書面的方式提出請求，並以實際的資料取得核准與承諾。社區若能得到實質的經費援助，便能較容易實際展開發展行動。社區為能有較適當的請求，必須要寫好補助計畫的申請書。社區中較有學問、文筆較好的現任或退休的教師等，是很合適的撰寫人才，值得社區去發掘。社區中有此能力的人也有必要自告奮勇，出面效勞。但提出申請的人一定要以社區公益為重，不可循私，才能較容易獲得補助單位承諾贊助。

## (三)釋疑與同意

社區在請求外力援助時，常會因為請求的理由讓可能的援助者覺得有疑點而未能快速認同，求助者必須要先能釋疑才能獲得同意。

求助者最常暴露的疑點包括：

1.未有足夠的必要援助理由。
2.未能肯定可運用援助於發展的能力。
3.對預期的成果未能明確的預估。
4.要求的預算超過預期等。

對於這些疑點，請求援助者必要能說明清楚，使援助者能解開心中疑慮，同意申請或要求，而樂意提供援助。

# 三、尋求多種援助來源

可能援助社區發展的來源會有許多種，包括國內外的政府機關、基金會等民間團體、私人及其他社區等。就各種不同來源可能提供援助的策略，以及社區應有的適當求助方法，扼要說明如下：

## (一)本國政府

### ◆政府的援助策略

政府的主要職責在服務人民及造福人民。世界各國開明的政府對人民所居住社區的事務都需加以照護與服務。在例行的預算中，也都有編列社區發展工作的預算，作為推動社區發展之用。目前我國主管社區發展工作的機關是內政部社會司，也是支援社區發展與社區福利服務的最主要政府機構。

查看各國政府對於國內社區發展的支援可能採取兩種方式進行：一種是視為一般行政事務，普及各個城鄉及大小社區；另一種是對有要求者才給予支援。有些社區雖有要求，但也不一定能得到支援，為能得到支援常要有民意代表的聲援。

政府畢竟是操作政治與運用行政的單位，故其對於社區發展的援助，也必然都會使用政治或行政等策略或方法進行。所謂政治策略或方法即是政治考量，包括配合政治目的，運用政治手段。在一些民主政治制度尚不十分健全的國家，最常見援助社區發展所需經費常會配合選舉運作。執政者將補助經費當作可獲得選票的工具。但在政治較健全進步的國家，政府會將社區發展的援助，當作以實現政治理想為目標及依歸。

政治運作的特性之一是權力的較勁，故政府對社區發展的援助

也必然牽連政治權力運作的過程。執政的政府分配給不同社區的援助金額或其他財物，會視各社區人民或相關民代實質權力的大小而定。權力大的社區對政府的壓力也大，政府便常以提供較多的發展援助金額作為應對與配合。民主國家的議會議員握有不同的政治實力，實力越大的議員或其他民意代表對政府能爭取到的援助金額，通常也會較多。

行政的體系都有一定的法定程序，故當政府將社區發展支援視為是行政事務的一環時，在核准發放補助金額與人力物資時，都要經過一定的程序。其高遠的目標是為了能藉此控制援助的過程，使其能健全平穩，卻也因此而使受援助者感到過度的謹慎且囉嗦，以致不願太費神去要求或申請。

◆社區的應對方法

當政府將援助社區的發展視為一種政治或行政事務時，社區的應對策略與方法也應是政治或行政性的。所謂政治性是要多運用政治人物或政治權力出面支持。最常見的此種策略或方法是找選區的議員或立委等民意代表出面。一方面使其對政府有較大的壓力，使政府能應允援助。也因此可找到政治平台或窗口，得回投票行為的代價或酬報。在奧妙的政治交手過程中，社區最期待的是能通過援助要求。社區為能獲得政治力量的支持，除能善於運用民代外，也常必要廣結善緣，取得社會各界的支援，包括輿論界的支持，從中獲得較為充足的社會資本。如此做法對於爭取援助社區發展的政治實力，必會大有幫助。

社區要能善用行政的策略與方法是，指以符合行政制度與規範的要求，而能爭取到政府的援助。例如當政府要求須按規定方式或日期申請補助經費時，社區必須要能遵守照辦，否則會因不合規定而被拒絕在候選者名單之外。

## (二)外國政府或民間團體

### ◆外國政府及國際性基金會的援助策略

　　一般國際間的援助者都出於自願性，較少有政治考慮。但出自外國政府的援助，則本國與他國兩個政府間的關係也常是影響援助策略與內容的因素。本國政府與外國政府的關係良好，本國受外國援助的可能性便很大。外國民間基金會提供援助時，一般都較少作政治性考量，而較多作人道、經濟、社會、教育、文化與技術發展的考量。

　　由於對外國的援助都是志願性，故選擇性都較高。對於外國社區發展的援助，一般都會選擇在較貧窮落後，卻又需要發展的社區進行。發展性的援助有必要與救濟性及福利性的援助作區隔。發展性援助的目的在希望援助的金錢或其他資源能確實作爲發展用途，不被轉移到非發展性的用途上。

　　志願性的外援，常是出自人道的精神或原則。外國政府可能以贈予、借貸或消除債務等方式來援助國外社區。贈予是無代價不必償還的援助；借貸援助則常是以長期低利方式貸款給外國的社區或其居民；消除債務是指消除社區過去對外國政府及民間團體的負債，從此一筆勾銷。

　　過去在自由民主的世界，美國是一個提供最多援外的國家。除了政府以外，民間著名的發展性基金會，有洛克斐勒基金會及福特基金會等。在聯合國組織下，也有多種援助落後國家社區發展的組織與計畫。

### ◆社區的應對方法

　　接受外國政府或民間援助的社區最重要的應對方法是要能信守援助者的期望或目標，不可輕易更改援助資金或物資的用途，以免失信約定，造成援助者的失望與撤退。受援助的社區也必須能善於運用援

助的資材，使其發揮良好的發展功效。

## (三)慈善機構或團體

可能援助社區發展的機構中有一種很重要者是，慈善機構或團體。此種機構或團體以從事非營利的公益事業為宗旨。其基金的來源多數都為私人捐贈奉獻者，但本身的財產孳息或生產收入，以及政府的補助也很重要。在台灣許多宗教團體或機構，也常是重要的慈善福利團體或機構。

慈善機構與團體的資產與基金有一項重要特性是，可以免向政府繳稅。但此類機構主要的服務性質是福利性大於發展性。提供的公益與福利類別很多，包括扶貧、人道救援、少數族群權益、婦女、兒童、殘障者、老人照護、衛生健康福利、人權保障、環境保護、動物養護等。

在我國著名的慈善機構團體有創世社會福利基金會、中華兒童暨家庭扶助基金會、兒童福利聯盟文教基金會、財團法人門諾社會福利慈善事業基金會、台灣基督教福利會、慈濟功德、台灣世界展望會等。在美國著名的慈善團體則有紅十字會、財團法人基督教救世軍及人權觀察等。

## (四)企業組織

一般的企業都以營利為目標，但有些企業基於社會責任，也可能回饋社區提供援助與服務。其可能援助方式為附設基金會作較有系統的援助與服務，也有不定時提供援助與服務者。上述美國的洛克斐勒及福特兩個基金會分別經營石油企業及汽車產業，都從盈餘中抽撥部分組設成基金會。台灣大企業組設類似可以援助社區發展的基金會不多，比較容易看到以不定型、不定期方式補助社區建設，尤以捐助社

區中興建寺廟以及演戲謝神等活動最為常見。

### (五)其他社區與國內民間團體

　　其他社區能援助鄰近社區發展的功能包括提供觀摩機會及經驗傳承，也可由互通有無而提供援助者。其他民間團體對社區各方面的特殊發展也都可提供幫助的效果與功能，此類團體包括教育團體、文化藝能團體、醫療團體及工藝技術團體等。都可分別為社區的發展及福利提供較專門性及特殊性的幫助與貢獻，故也都值得社區去尋求獲得。

## 四、獲得多重援助資源

　　可以幫助社區發展並增進福利的資源有許多種，社區在尋求援助的過程中也應多管齊下，從多方面著手。重要的資源類別有金錢、人力、物資、技術與資訊等。

### (一)金錢

　　外部援助社區發展的重要資源中，金錢是很重要的一項。此項資源可以很方便轉換為其他資源。外援機構也以提供金錢援助最為方便。

　　因為金錢資源能比其他資源更容易且更普遍受到歡迎，也最能方便傳送與轉換，故其在援助的過程中被調包、暗藏或盜用的危險性也最大。因有這些風險，有些援助者並不喜歡以提供金錢援助為重要策略，而較願意改換補助其他資源。

　　面對援助者可能有此種顧忌與憂慮，受援的社區在接受與運用金錢時，尤其要特別謹慎，不可有疏失與差錯，才能取得援助者的信

任，而能樂意提供金錢援助。

## (二)人力

有些援助單位，不願或不能提供資金援助，卻願意提供人力資源。人力資源可能存在於援助機構內部，也可能需要從外部調遣或借用。

人力資源可分為體力與腦力資源兩大部分，兩種人力對於社區的建設與發展都有功用，也常為社區所求援與追逐的目標。有時援助機構可直接提供社區發展規劃與推動的專家，直接參與受援社區的各項發展工作。

社區在考慮運用外來援助的人力資源時，也需要考慮可用人力的三大性質：(1)人口特性，如年齡、性別、學經歷；(2)技能與資格；(3)工作場所或位置的變化性。援助人力在這些方面的特性都直接關係其品質，也關係受援社區所須支付的成本。

## (三)物資

物資資源是社區發展與建設所必用者。外部的提供對於社區必有助益。外部援助的物資，有者對社區發展直接有用，有者則必須經過變賣及轉化的過程，才更能發揮幫助的效用。

經過外援得來的物資，社區可將其作為多種用途，包括糧食、能源、設施、器材與工具等。如何運用則看物資的性質及社區的需求而定。過去的一段時間內，美國亞洲協會贈送台灣社會各種書籍，台灣的社區便可使用這些書籍作為增進發展的知識、技術與資訊的來源。

## (四)技術

技術援助是一種很普遍可見的援助方式。被援助的社區為謀求經

濟及社會文化的發展，經常會欠缺良好的技術，援助機關若能提供技術援助，便非常有用。

　　社區的經濟發展常以改善生產條件作為重要的方法，要改善生產條件，則技術改善是不可或缺的要素。援助者若能提供技術援助，也非常可貴，其價值常不亞於資金及物資援助。國際間的援助不乏以技術援助為重心的事例，戰後台灣的經濟發展過程中，先進國家如美國與日本政府及民間，都提供不少的農工產業技術援助與合作，使台灣的農業及工業能有效快速的發展，這種發展的績效也深植到基層的農村社區中。

## (五)資訊

　　對社區的發展有用且重要的援助不能忽略資訊一項。社區若能獲得有用的資訊，即可說已很接近許多有用的資源與服務。許多社區的重要發展契機可能是從一通電話或一則網路訊息中獲得。提供社區一項有用的資訊，其價值與用處有時候比提供千百萬資金還更有價值。要得到有用的資訊，有時社區要能主動去尋找與追求，有時則要依靠外界援助機構的提供。

　　外界提供社區的發展援助計畫，社區必須要先能獲知訊息。訊息的來源，可能由提供的機構通知，也可能由關心人士的打探傳達，由媒體的報導，由政府的宣示，或由民間的傳播等。社區接觸到訊息後，要能轉化成有用的資訊，其對社區發展才能發揮幫助的功效。

# 五、保持自主原則

　　社區尋求並獲得外力援助發展，雖是重要的方法與途徑，卻有被外力操縱與控制的危險性。如果外援的力量強大，又有野心，社區便很容易陷入受到外力控制與左右的危機。故當社區在尋求與接受外力

援助發展時，必須注意能保持自主性。為能保持社區的自主性，則要注意下列數種重要原則：

## (一)建立維護主體的觀念

社區要能保持自主原則，首先社區內的人必須建立維護主體的觀念。有此觀念的心理基礎，在行為表現上才能力求維護主體性。主體觀念是指凡事能由自己作主，不被掌控，不被使喚或是不被綁架與奴役。

援助者如果有野心，又很強勢，被援助的社區在不知不覺或無可奈何情形下即將失去主體性。為能避免陷入被操控的險境，社區必須要有所警覺，時時以維護主體為念，尤其是社區領導者更必要有此理念，不因個人受到援助者的利誘，以致陷全社區的人民於不義。

## (二)堅持尊嚴

被援助的社區要能保持自主，也必須注意堅持尊嚴，不因對外部有所要求而喪失自己的尊嚴。如果喪失或棄守尊嚴就很容易失去自主。為能堅持尊嚴，必須有所求也能有所不求。當援助的一方過分與無理要求回報，或其他有傷社區的企圖，都不可屈服接受。

受援助的社區要能堅持尊嚴，首先對尊嚴要有正確的認識。尊嚴是一種道德與倫理，是一種天生的權利，不容讓與或被奪取。但在現實的社會或政治環境中，卻常有野心家以強取豪奪，或假幫助之名行壓迫弱小族群或社區之實，故要特別小心，被脅迫者要能奮力抵抗。

## (三)整合內部歧見

社區在求取外援與力保自主自尊的同時，必然會有矛盾與衝突的歧見，有必要整合歧見取得內部共識。一般整合意見的方法都以少數

服從多數。當個人要放棄私見與社區多數人意見一致時，則在內心與感情上要作調整，不可自閉與孤立。要能與他人打成一片，則精神上與身體上才能較為健康。

惟在求取社區內部意見整合的過程中，也會產生鄉愿的不良情況，即是不問是非，只問是否多數，但多數卻又可能是錯誤的一方。社區面臨此種情況時，需要有眾人皆醉我獨醒的英雄豪傑出來力挽狂瀾，糾正錯誤。但此種英雄豪傑非常難求，社區中在平時要能留意栽培，才能有幸得之。

## (四)考慮協商

### ◆協商的意義

當援助者與被援助的社區，或被援助社區本身的內部有不同的期望，或有不協調的意見與立場時，就可能要考慮展開對話與協商，使雙方都能滿意。通常協商都以雙方皆能各讓一步，且能求得落幕與和解為目標。如果協商者能有更好的辦法，使雙方不必退讓都能樂意接受，便可創造出雙贏的結局，這是最佳的協商結果。

### ◆協商的進程表

以社區的立場而言，若與外界援助者有矛盾，而須展開協商，就必須按照下列幾個原則進行。

1.有目標。協商前社區先要設定目標，也要先能猜想對方的目標。
2.交易。協商的雙方都先要獻出可能交易的條件。
3.尋找替代的目標或方案。在未能依原定目標達到妥協時，就要有替代性的目標。
4.找出影響協商的暗藏因素，包括歷史關聯。

5.取得社區居民預期的協商結果。

6.得知協商的得失後果。

7.請對協商有影響力的權力人士出面調停。

8.揣測各種可能的協商後果。

◆協商技術與改進

協商的技術得來不易，有心人需要努力學習。學習的重要方法之一是，對協商的對手加以研究。由研究而知悉對手的特性而達到有利協商勝算的目的，亦即經研究對方而能知彼，以達到百戰百勝的結果。此種方法之外，善作溝通也是一種常用於協商的有效方法。

## (五)規避受控制

受援助的社區要能保持自主原則，必須避免受到援助者的控制。受到外人控制是本身危機的一種，要能有效避免控制，也相當於要能善用管理危機的技術。重要管理危機的方法，即是規避受到控制的方法。重要者有下列幾項：

1.蒐集與分析被控制的危機資料。

2.分析受控制者可能造成的問題與損失的危機狀況。

3.設定排除或規避受控計畫。

4.發展排除或管理受控危機的科學方法或技術。

5.落實排難解危的行動，包括轉移受到控制的危險，避免受到控制的危機，以及降低受到控制的危險率，乃至不得已也接受部分控制的危機，但須使其負面的害處降到最小。

# 六、行使合作模式

外援機構或團體可能使用與社區合作的模式來援助。可能進行的

合作援助的模式有許多種，社區在尋求外援時，也可依循這些模式來進行。

## (一)契約生產

此種合作援助的模式以農產加工廠和農村社區內的農民之間所訂定的契約生產最爲突顯，也最具歷史性。過去台灣多種不同農產加工廠都與農民訂有合作援助的契約。重要者有番茄醬與番茄汁加工廠與番茄農之間的契約；糖廠與蔗農之間的契約；雞隻屠宰場與雞農之間的契約；罐頭工廠與漁民之間的契約等。因有契約生產的關係，才能保證農村社區內的農漁民所生產的產品一定會有銷路，也較能保障其收入，這相當於對社區及其居民收入與生活有了多一層的保障。

反過來看，因爲合作契約的關係，農漁產加工廠也可保證有原料的來源，一定可以照計畫生產運轉，可穩定其生產，也可穩定其銷貨，故也可以得到合作的好處。

## (二)提供專家

有一些援助機關對社區的合作關係是經提供專家由社區運用，此種合作情況常發生在社區缺乏發展專家的情況。沒有專家，就難以展開專業性的發展事業，外界提供專家，是對社區提供關鍵性的援助。

由外界提供專家協助社區，有收費與不收費兩種情形。既是援助式的提供，若收費則僅是象徵性，不致昂貴到使社區負擔不起。

在台灣許多偏遠的鄉村社區，如山區或濱海地區，普遍都有遠自他國前來傳道者，同時也協助居民克服各種生活及生產上的困難與問題。這些神職人員本身都懷有一些特殊的專業技能，無異是爲當地社區奉獻技術援助的功能。

從另一方面看，當地社區居民因服膺神職人員的援助及言行，不

少人也因此信仰該宗教，也算幫助神職人員達成神聖的使命。

## (三)引進技術

經由外來專家的援助，必然會提升社區發展技術水準。有些外來援助是以提供專家為主，技術經專家而移轉。也有些援助則是以引進技術為主，並不一定附帶專家進駐，可由社區派員到援助機構所在地學習後引進。

過去我國還是聯合國會員國的時期，聯合國為能援助我國的社區發展工作，曾經資助我國派員到先進國家專攻社區發展的專業知識與技能，期滿則返國服務，帶領發展社區。

此外，也常見我國政府與先進國家長期進行農業合作。由本國中央政府農業主管部門選拔優秀農村青年農民至先進國家擔任草根大使，目的在學習其農業生產與經營技術，回國後在農村社區實踐與移轉優良農業技術，扮演示範角色，帶動農業技術水準的提升。

## (四)合資經營

援助機構與被援助的社區也有經由合資經營的合作援助情形，由雙方出資在受援助社區從事合作生產或服務事業，從中進行技術轉移，提升受援社區的生產及服務水準，促進社區的進步與發展。

我國在戰後經濟發展的初期，多種民生工業的發展都曾與工業進步的國家合資經營得來，尤其與日本進行民生工業，如電器產品的合作生產與經營，最顯突出。於合資經營一段時間之後日資退出，本國的技術水準提升，產業也逐漸茁壯發展。此種合資經營的模式，雖然雙方清楚計算成本利益，但在社區與整個國家經濟發展過程中，確也因有外國願意合作，而獲得幫助之效。

## (五)連鎖與聯盟

　　援助者與被援助的社區之間也常見以連鎖或聯盟的模式進行援助。連鎖是在援助者對受援者方面指導同類的生產或經營服務。被援助者的許多設備或技術都採同一標準進行，由援助國主導與供應，受援國則可借助援助國經營成功的經驗，也能在本土發展。台灣不少連鎖企業都由先進國家引進並與之連鎖經營者，麥當勞及星巴克等即是此類。

　　聯盟的關係則是援助者與受援者各自經營關係密切的生產或服務事業，但兩者並不完全相同，卻能互相密切配合。最常見受援社區以生產援助者產業所需要的零件最具代表性。零件生產完成後，由援助國收購，整裝成完整的產品，受援者的產業成為援助者產業的一環，兩者共創雙贏局面。

## (六)相互觀摩

　　受援社區到援助社區觀摩，從中學習成長發展的知識、方法與技術，被觀摩者無異是為觀摩者提供了知識、方法與技術上的幫助，有助觀摩者在本社區推動發展。觀摩者則為被觀摩者提高信心與聲望，也無異是幫助被觀摩者提升其發展的成效。

　　靈敏的被觀摩社區，或許也能從觀摩社區在觀摩時所提出的問題或觀感，找到改進發展或建設的新目標，促進社區再提升發展的程度與水準。如果觀摩是相互對等的情形，被觀摩與觀摩者的角色與地位便能同時互換，也同時可由相互觀摩的過程中各自獲得同等的幫助與好處。

## 七、選擇合適的幫助力量

社區在受到外力幫助發展時，可能會有多於單方面的援助來源，此時被援社區乃可處於優越的地位，對於多方面的援助來源可作選擇，從中選擇最合適的幫助力量。有關對於最適當幫助力量的選擇，有以下數個重要原則可供遵行：

### (一)創造選擇優勢

社區要能獲得多方面的幫助力量，常不是被動靜待就可以獲得的，而是要能主動創造，才會有較佳的機會，至於社區如何創造選擇幫助優勢，則又有多個重要的方法與技巧。

◆接觸多個可能援助的來源與機會

有接觸才有機會，機會很難不爭取自來。惟在主動爭取多方面的援助機會時，要能堅持前面所提的自主性，不因為了爭取而喪失了尊嚴。

◆提供給幫助者好處的機會

幫助社區發展的機構雖是自願，但其幫助對象與目標也是多元性。被援助社區必須能提供好處，才能爭取到援助機構樂於出手相助。越多援助機構樂於相助，則被援助社區便能有選擇的優勢。

◆改善社區本身的發展條件

所謂「自助者人恆助之」，期待有較多的外力援助機會，社區本身要先能爭氣，改善本身的發展條件，使援助的外力有信心，樂意出手相助。

◆由創造本身的特點優勢獲得可選擇幫助的優勢

競爭獲取外力援助的社區很多，一個社區有必要先創造本身的特點優勢，以此特點優勢吸引外力願意幫助。幫助者越多，社區便可有從中選擇最佳、最適當幫助者的優勢。

## (二)保留劣勢的幫助

外力援助者得來不易，對於被認定或排列在較劣勢的幫助者不可棄如敝屣，應加以珍惜，表示感恩。使其也有機會作為較次要的協助者，也願意持續援助意願，等待日後之用。

## (三)組合幫助力量，創造最大助力

最合適運用多方面幫助力量的方法是，善作組合多方面的幫助力量，創造最大助力。最佳組合的原則是藉各不同幫助力量的優勢特性，配合社區內不同方面的發展工作，使多方面的外援力量都能找到最適當的角色與位置，發揮最大的幫助效果，也使總幫助的效果發揮到最高點。

# 第六章

## 運用衝突與競爭原理的社區發展工作方法與技巧

- 社區衝突與競爭的可能性
- 衝突與競爭的損益
- 順勢運用衝突與競爭
- 防止衝突與惡性競爭的方法
- 轉移衝突成良性競爭
- 降低或消除衝突與惡性競爭
- 化解衝突促進社區整合發展
- 管理社區衝突與惡性競爭的角色與機構

# 一、社區衝突與競爭的可能性

社區內部及與外界之間都可能會有衝突與競爭，各有很多原因，下列這些都是重要者。

## (一)衝突的原因

### ◆價值差異

社區內有多數的份子，不同的人價值觀念會有不同，組成份子越多越複雜的社區，價值觀越分歧，乃容易紛爭與吵架，形成對立或衝突。

### ◆立場不同

價值觀念不同的人在處理同一事情上會站在不同的立場，也容易導致競爭與衝突。近來台灣政治民主化過程中許多政治角色與職位都由選舉產生，不同立場的人選擇投票對象分屬不同政黨，即使同一家人之間，也常見因投票而起衝突。

### ◆結構分化

社區變遷的重要方向之一是結構趨於分化，組織的種類與數量越多，彼此之間也越容易引起紛爭與衝突，不易整合與統一。

### ◆權力糾葛

許多衝突都起自權力的糾葛，有權力者欺壓弱小，引發弱小群體不滿，起而反抗，乃引發激烈衝突。也有因為權力分配不均而引發黨派鬥爭的情形。許多黑社會幫派之間的火拼與衝突，都因權力地盤分配的糾葛所引起。

◆偏重私利

　　許多人本性偏重私利，只顧自己利益，不顧他人死活，人為爭利也常容易引起衝突。許多利益團體之間，常會為爭利而不擇手段，彼此鬥得頭破血流。

◆族群歧視

　　在族群較為複雜的社區內，不同族群來源與背景不同，內外關係分明，不同族群之間容易失和與衝突，輕者舉牌對嗆，重者刀槍相見。族群因歧視而起衝突的原因以移民社區最為易見。

◆外界干擾

　　有些社區內部的衝突是因外界的挑釁、離間與分化的干擾所引起，這種干擾的外力常是為了自身利益，製造社區內的矛盾與衝突，本身便能從中得利。

◆事件本質

　　較高爭議性的事件，很容易引起有關係的個人之間或團體之間發生爭吵與衝突。因為事件的爭議性高，關係人就會選邊站，很容易成為衝突者。

## (二)競爭的原因

◆人的本性

　　這是心理學上的說法，人生下來就有競爭的天性。天生競爭性的說法與人性本惡的說法很相近，也有密切的關聯。一個社區內有許多的居民，多數的居民之間都存有競爭的天性，他們不僅與內部的人爭，也與社區外的人爭。

### ◆刻意培養而成

許多為人父母者因為好勝，將子女從小就置放在競爭環境中，鼓勵其從競爭中獲得勝利，贏得面子與風光，乃容易養成子女的競爭性。在今日快速變遷的社區中，許多父母及其子女都認為須經由競爭才能出人頭地。

### ◆資源有限

資源有限是競爭的很基本原因，自古以來有所謂「僧多粥少」的諺語。生物學上也有物競天擇的理論，基本的原因都因資源有限，而需求資源者為數眾多，乃容易引起競爭。社區內因搶奪資源而爭者，包括爭土地、爭商機、爭遺產、爭補助、爭選舉席次等。

### ◆同類相斥

在社會上或經濟市場上都有可能因人與物屬於同類，而產生互相排斥與競爭的性質。同類的人才能相克相爭，同類的物也形成供給上的競爭者。男人之間為女人而爭，同樣女人也會為男人而競爭；同是街頭混混也會為保護地盤而爭。

## 二、衝突與競爭的損益

衝突與競爭之間僅一線之隔，競爭者超過君子風度的界線便起衝突，故衝突與競爭的損益大同小異，主要差別在程度上的不同而已。兩者都會有多種損傷與益處，也因損益反正都有，應用於社區發展的範圍才更為寬廣，就損益兩方面的細項扼要列舉並說明如下：

## (一)損傷

### ◆削弱欲望與動機

社區內的人經由與他人衝突或競爭的結果，很容易感到精疲力盡，削弱合作發展的欲望與動機。衝突越大競爭越強烈，感到厭倦與乏味的程度越高，個人求發展與生存的欲望與動機可能變為消沉。

### ◆破壞團結

衝突者與競爭者之間互有心結，互相仇視或對立，故也不易團結。社區不團結許多公共性的發展事務就很難推展。

### ◆損傷力量

衝突者與競爭者之間雖然可能越挫越勇，但更可能兩敗俱傷，減低有用的發展力量。經由競爭與衝突能不損傷力量者只有豪俠義士之類，所謂不打不相識，經過競爭與衝突較量之後，能夠惺惺相惜，英雄識好漢。但一般的常人經過衝突與競爭，都會有皮肉外傷及精神內傷。

### ◆增加緊張與痛苦

衝突與競爭未能紓解，當事人必然會存著緊張與痛苦，擔心隨時會被暗算或加害，不僅自己緊張痛苦，身邊的家人與親友也會感到緊張與痛苦。

### ◆阻擾共識

衝突與競爭常因未有共識而引起，事後歧視與仇恨更會加深，要求得到共識可能更加困難。

◆妨害溝通

衝突與競爭者之間立場對立，彼此當對方是對手或敵人，未有好感，溝通困難。

◆轉變目標

人與人之間，或社區內部或與外部之間發生衝突與競爭，都會氣餒、失望、氣憤與懷恨等，因而會改變態度，也會轉變原來設定的工作目標，包括因而放棄、轉移或變質；亦包括對待他人或團體等不再友善。

◆破壞成果

衝突時氣在頭上，競爭時也常不擇手段，容易失去理性，不惜辛勤的成果，加以破壞，事後冷靜時後悔，為時已晚。常見吵架夫妻很容易摔破碗碟家具。嚴重的衝突者雙方都有可能殺傷對手。

◆惡化意象

激烈衝突與競爭過後，當事人對於對手常不會留有好的意象，甚至牽連到身旁無辜之人，也失去好意象。人在喪失理性時，對別人不會有好意象，自己也給別人不好意象。社區內的團體或社區整體，若常有爭吵衝突或不良競爭，同樣也給人留下惡劣的意象。

## (二)益處

衝突與競爭也非絕對有損無益，若能善作體會與運用也有許多益處，如下所舉便是。

◆刺激工作欲望與需求

人常為能戰勝衝突者或競爭者，為能出口氣，而加緊努力工作。也可能在衝突或競爭過程中嘗試到失敗的刺激或勝利的興奮，而增加

工作欲望與需求，作為下一次衝突或競爭的準備。

◆浮現缺點

　　個人或社區及團體等的行動者，因有衝突與競爭等動作，才會較容易浮現缺點。缺點浮現才有改進的機會，有助行動者成長與發展。

◆促進團結

　　社區或內部團體與其他單位衝突或競爭時，為能增強能力，內部必須更加團結，所謂「國無外敵者，恆亡」，人及社區或團體若無衝突者及競爭者，也會高枕無憂，缺乏危機感，而未能感到團結一致、對外奮戰的必要與能量，乃無助本身的茁壯與發展。

◆鞏固結構

　　社區經過內外衝突與競爭，必能反應各份子之間的關係脈絡，以便調整改善，使關係調整並改善，變為較前為佳。將調整與改善後的關係架構固定下來，即可成為較鞏固的結構。社區有較鞏固的結構便能盡較好的功能。

◆形成新規範

　　社區衝突與競爭過程中最容易冒出新問題，為能解決與克服新問題，也很必要有新辦法與新規矩，故可為社區團體發展成新的規範，包括正面鼓勵性的及負面限制性的規範等。

◆發現實力

　　衝突與競爭過程中必會展現或暴露爭鬥的實力，包括體力與智力。對新發現的社區實力，妥善加以照護與運用，都可為社區的建設與發展盡功能。

◆改變社區的價值與目標

　　衝突與競爭的行動表現，必也會浮現社區價值的矛盾性或對立

性。可使社區改變或修正原來的價值體系，使其更多元，也可能迫使社區改變發展或建設的目標。

◆形成副團體

衝突與競爭的雙方會各自結合成較密切、較堅固的集團，可能成為社區內的副團體。不同的副團體很可能表達不同的看法，也可為社區做不同的事。副團體雖可能妨害社區的團結，卻有助社區的民主化與多元化。

◆發展正義

為能正確阻止衝突並判定競爭的勝負，社區必須發展公平正義的辦法或利器。所用辦法或利器必須公平正義，才能使人信服，也有助社區組織的健全存在與發展。

# 三、順勢運用衝突與競爭

社區的衝突與競爭雖有多種缺點，可能損傷社區實力，但也有多種益處，若能順勢運用，也會助長社區的發展實力。合適順勢運用社區的衝突與競爭關係的重要途徑與方式有下列數項，將之再作分析與解說。

## (一)刺激異議份子表態，發現重要問題

社區中相互衝突與競爭的雙方，意見、立場不同，主流派視反對派為異議份子，異議份子的意見、想法及看法與當權派或主流派不同，經由衝突與競爭，異議份子的意見也能浮上檯面，不再暗藏，便能較有機會受到重視，並將之實現，解決相關問題，社區的發展便能更為健全。

## (二)促進社區變遷與改進

衝突與競爭引發出有爭議性的問題，與傳統常有出入與不一致性。這些問題獲得解決，社會與傳統離異，也必會導致社區變遷，往正面優質的變遷，乃會促成社區的改進。

## (三)促成新團體的形成

衝突者或競爭者的一方面為能增強其爭議力與競爭力，常會結合成較堅實的組織體，有其一定的信念與規範，久之乃成為較有力量的新團體。新團體對於社區的事務會較有明確的歧見及不同主張，可使社區避免陷於腐化專橫的一致性，有助於社區往民主多元長進。

## (四)避免衝突者攻擊權力中心

如衝突者雙方都在社區的權力核心之外，衝突者無暇顧及權力核心，使權力核心能有較多喘息機會、養精蓄銳，能更專心費神於社區的建設與發展。政治統治階層分化部屬使其紛爭，使本身更能穩坐統治的寶座，即是此種道理。

## (五)平衡變遷與發展

衝突者與競爭者都代表不同的意見與利益，經過衝突與競爭的磨合、仲裁，終究可使彼此的偏頗減低，趨向較平衡狀態。古書訓誡「天下合久必分，分久必合」，分字代表衝突與競爭，過後必會有整合成一致的可能。

## 四、防止衝突與惡性競爭的方法

社區內外衝突與惡性競爭要能防止，必須有所作為。雖然也可放任，使其釋放衝突與競爭的能量而達停止狀態。但放任過程中，衝突與競爭不斷，代價太高，經由制裁達成嚇阻效果，是較常見的方法。有效的制裁式防止方法，則有下列數點可供參考：

### (一)快刀斬亂麻

當衝突與惡性競爭形成尖銳、激烈、一團混亂的局面時，很必要由有力的第三者或制裁者，以快刀斬亂麻的方式加以制止。有權力的仲裁者可對衝突者或惡性競爭的雙方，或其較無理的一方提出制裁。社會上的司法及警政機構，常是有力使出這種方法的仲裁者。

### (二)孤立與擊破

古代兵法使用的合縱連橫，都可使衝突或競爭的一方陷於孤立，以便加以擊破平息，使其消滅競爭或衝突力量。此種辦法都由衝突者或競爭者的一方面所為。孤立對方的結果，雙方的實力變為懸殊，有力的一方便能較容易擊敗對手。惟運用此法的一方，若是較為蠻橫霸道者，則擊破較無力卻是較厚道正派的一方，則此方法被作無公義的運用，就甚有疑慮。

### (三)折衷意見與領導

公正的衝突與競爭的仲裁者或裁判者，最常以公平的折衷方法，勸戒衝突與惡性競爭的雙方各退一步，達成和諧的結果，也可終止衝突與競爭行為。若衝突者或惡性競爭的雙方，都為團體的性質，其領

導者的意見與動向，常是導致衝突與惡性競爭的關鍵原因。要平息紛爭必須由折衷雙方領導者的意見與動向，作為著力點。領導者應允同意和解，團體間的衝突與競爭才能停止。

## (四)教育、勸解與安撫

衝突與惡性競爭若是由當事人雙方或一方無知、誤會或不明狀況所引發，則有效的防止方法是教育、勸解與安撫。使衝突或惡性競爭的雙方，明瞭衝突與惡性競爭的壞處，達到願意停息或終止。

## (五)妥協與和解

衝突者或競爭者願意妥協、讓步與和解，是防止衝突與惡性競爭的最佳方法。但當事人願意妥協與和解有可能經由內心思考與反省，也可能因聽信他人的勸導或仲裁所致。妥協的雙方都要由讓步而達成協議，協議的內容則可有多種變化。

## (六)削弱潛在反對力量

權力的人士或團體為防止衝突與競爭的發生，常事先削弱潛在的反對力量，在其尚未出頭之前即已將之摧殘或痛擊。包括削弱或摧毀反對的人力，以及可使對手增權的資源。

## (七)民主治理

最文明防止衝突與惡性競爭的方法是，以民主的方法治理。有效的治理方法與機制很多，在社會性的機制與方法方面，較重要者有參與、對談、溝通與協調等。經濟性的機制與方法則有超越特別團體的私利與特權的占有，以及追求公平的權利分配。此種治理的成效立基於政府對民主制度的實行。

## 五、轉移衝突成良性競爭

衝突與惡性競爭要能完全消除並不容易，使其轉移成良性競爭，相差距離較短，故也較為可能。將衝突轉移成良性競爭，有時比完全消除衝突更有助於社區的發展，因為藉由競爭，彼此可以展現能力，創造成就。重要的方法有如下數種：

### (一)降低衝突溫度

衝突降溫，可轉移成競爭，但如果雙方對峙的溫度仍高，競爭可能是惡性。但如果繼續降溫，則可降至良性競爭的程度。從衝突降到良性競爭，比完全消除衝突容易，是因為良性競爭者雙方仍可保持其獨特性，可以不必完全融和，故較容易被原有歧異的雙方所接受。

### (二)提出合理的競爭方案

期望衝突者變為良性競爭者，則要有合理的競爭方案可供依循。此種方案可由居於高位的領導者提出，或由衝突的仲裁者與調解者提出。合理的競爭方案是指都能照護雙方的尊嚴及某種程度的利益，而不偏袒某一方。如果原衝突雙方勢均力敵，則合理競爭方案約在折衷點。如果原來的衝突者強弱懸殊，則合理方案需要強方多做一點讓步。

### (三)強者讓步

要強者讓步，則強者必須有另類思考，不能只比力量。重要的思考方向是謙讓可積陰德，人生苦短，德不孤必有鄰，禮讓之後下半輩子才會比較心安理得。如果仗勢欺人，落得被人閒言閒語，則雖強也弱。

## (四)弱者增權

　　要由衝突轉變爲良性競爭，則弱者一方要有競爭的本錢，重要的做法是要增權，辦法有兩種：一種是自強不息；另一種是由公道的第三者協助給予權力。惟弱者在獲得增權時，內心也要有所調整，不是將增加的權力用來與對方繼續衝突，而是只用作良性競爭。

## (五)效法範例

　　任何衝突事件要轉換成良性競爭事件，都不是空前的創舉，也不是絕後的案例，必有先例可循。過去良好的經驗與案例都可成爲當前效法的範例。此種範例要有人能去蒐集與應用，供爲衝突者認識與借鏡。

# 六、降低或消除衝突與惡性競爭

　　衝突與惡性競爭對於當事者雙方有害，對全社區也不利，故有必要降低與消除。重要的方法與途徑也有下列諸項：

## (一)啓用第三勢力對抗衝突者或惡性競爭者雙方

　　第三勢力要有足夠的力量，才能有效對抗並阻止頑強的衝突者或惡性競爭者。具有公權力的政府常是重要的第三者。如果衝突者或惡性競爭者的主體是社區內的個人，則社區中有聲望的人，則是很恰當的第三勢力，包括社區的幹部或長老等。

## (二)推動理性的討論

　　使用推動理性討論的方法，可使衝突者雙方有充分的機會表達心

中的想法與不滿。經由討論對談，可增加相互溝通。此種討論可由第三者出面安排。惟在討論時，彼此都不可攜帶武器或其他可助長衝突升高的任何工具，否則很容易因為一言不合而導致嚴重的暴力相向。例如黑道兄弟在談判時，反而是雙方面對面動手廝殺的好時機，不可不慎！

## (三)運用壓力加之一方

壓力可來自輿論或公權力，包括政策、法律與規範，也可出自第三勢力，包括黑道力量，但其不良後遺症很大。壓力究竟應施在哪一方面，則不太一定。有時施在弱方，有時則需施在強方，看情勢而定，所指情勢則也包括強者與弱者所堅持的理由，以及壓力所袒護的一方面。惟使用壓力，常容易導致偏差，有失公道。使力者應以能顧及公道為重，否則雖能消除衝突，但對社區卻是不幸。

## (四)勸說

勸說衝突或惡性競爭的雙方，使雙方都能軟化，降低衝突及競爭熱度。重要的步驟與方法有以下六項：

1. 進行客觀的對話，使雙方都能接受。
2. 安排各黨派協商。當衝突者或惡性競爭者為團體時，可由其推出代表進行協商。
3. 要求雙方都讓步，對較無理的一方要求較多的讓步。
4. 強使無理一方同意。
5. 談判。經過提出條件，經過談判仲裁，使能達成協議。
6. 融合雙方成為一體。此種結果最為理想，從此完全消除衝突與惡性競爭，社區團結一致，共創建設與發展。

# 七、化解衝突促進社區整合發展

本章在前面論及降低和消除社區衝突與惡性競爭的方法,有多處也論及化解衝突與惡性競爭的方法和途徑,於此再補充若干可以避免與化解的辦法,進而使促進社區的整合發展。

## (一)忍讓

衝突者及惡性競爭者若能多瞭解衝突與惡性競爭對自己、對他人及對社區整體的害處,又能接受容忍與退讓的觀念,並表現行為,應可消除衝突與惡性競爭的緊張和尖銳的對峙。

## (二)妥協

衝突者要先能自我表示有條件的容忍與退讓,亦即有妥協的誠意,進而也可要求對方也應讓步。經過雙方各自退讓一步,便可達成妥協。

## (三)安撫

避免與化解衝突的另一有效辦法是對衝突或競爭雙方加以安撫,給雙方合理的實質補償。例如由優勢的一方讓出重要職位的席次,以收安撫弱勢黨派的效果;或由政府公家籌備一筆補償金,補償較吃虧的一方,使其內心能安然平靜。

## (四)消滅

消滅衝突很常見的方法之一是,由強者施壓消滅弱者,使其無法生存。也可能由具有公權力的政府使用政策或司法,使兩者雙雙滅

亡。若衝突者一方是政府，又較無理時，也曾見到人民以革命的方式打倒政府的情形。惟以小小一個社區的力量要打垮強大的政府，並不容易，吃虧的常是小社區的一方。

無論用何種方法消滅衝突者的一方或雙方，雖可平息鬥爭，但總是有點殘忍。此種辦法非不得已，以不用為宜。

## (五)發展共同意識與規範

此種方法是走規範整合的途徑。雙方衝突或惡性競爭常因意識與規範有差距而起，若能從發展共同意識與規範做起，會是化解衝突與惡性競爭的根本辦法。

## (六)重新分工

許多社區層次的衝突與惡性競爭，都因分工不當引起。化解的辦法可由重新分配工作做起，使大家能因分工較為合理公平，而消除不平與不滿的心理感受，甘願停止或化解衝突。

## (七)運用仲裁或調解的角色與功能

化解衝突很難由衝突者本身自動自發願意退讓，很必要有第三者出面仲裁與調解。惟仲裁者或調解者的角色要能由適當者來扮演，才能發揮實際功能。合適的角色條件包括要具備令人信服的聲望或威嚴、要有足夠的調解能力、要有公平公正的立場，以及要有合情合理的仲裁或調解理由與辦法。此種角色可以是單獨一人，也可以是由多數人組成的團體。

# 八、管理社區衝突與惡性競爭的角色與機構

社區中適合扮演管理衝突與惡性競爭的角色與機構，可分成非正式的管理角色與正式的管理機構兩大類。

## (一)非正式的管理角色

重要的非正式角色並非以管理衝突或惡性競爭為專業，卻能有效收到管理效果，這類角色共有下列數種重要者：

### ◆族長或地方士紳

在傳統的社區中族長或士紳常是衝突與惡性競爭的重要仲裁者或調解者。這些角色因輩份較高，年齡也較長，也常有較高學識或較廣的見識，以及公平公正的處理事務的態度與能力，足以服人。平時他們對於社區的大小事情都很關心，遇到社區中有糾紛衝突或不當競爭時，也都會熱心或帶著幾分焦慮，設法謀求化解。常見其化解的衝突事件有家人不合、鄰人糾紛及一些意外的衝突事件等。

### ◆黑道大哥

黑道領袖出面調解的事件多半都是較為嚴重者，也較可能是涉及非法的事件。惹事者常是黑幫的份子。也有善良百姓在受到無理欺壓時，找出黑道大哥平反的情形。由黑道大哥出面和解的辦法，能以天理為準者有之，但更多是用暴力或強權處理者，目的在使對方能屈服。此種管理對於解決社區問題、維持社區安寧，雖也有正面的貢獻，但所謂「黑道」即因其行為時常偏離正規，故由其涉入管理社區衝突，無異是使其坐大勢力，也絕非社區之福。

◆各級民代

　　民意代表以服務選民為口號與職志。社區內的衝突者或惡性競爭者多半是選民，故當其有事商請民意代表出面調解時，民代為了顧及爭取或維護選票，都能不厭其煩，給予協助。民代出面管理或調解的衝突，常是有關民間與政府之間的衝突。民代最適合以其合法的角色與職位，從事此項管理與調解工作。

◆神明與神職人員

　　在較傳統的社區，居民遇有衝突或惡性競爭事件時，都會求神問卜或找神職人員協助化解。此類衝突或競爭事件一般也都較具神祕性，或當事人在內心會感到不安的情形。求凡人幫助無濟於事，只好請求神明或代表神明的神職人員協助保佑，祈求平安。

## (二)正式性的管理機構

　　社區中也有多種正式性管理衝突或惡性競爭的機構，就其名稱與功能列舉如下：

◆村里長

　　村里長以前曾由指派，目前則是由選舉產生，具有合法性的職位，對村里社區中的衝突與惡性競爭事件，也具有法定的任務去加以處理與解決。村里長出面多半以調解的方式處理，調解不成，即轉送維持治安的警察單位處理。

◆派出所或其他警察機關

　　當今的派出所或其他警察機關，如警察分駐所或刑警隊等，都是過去的衙門，負責處理傷及人民安危及社區安寧的衝突糾紛事件。重要者包括車禍、打架、賭博、偷竊、傷害等；情節較小者可就地解決，較大者則移送法辦。

◆調解委員會

　　在台灣實行土地改革期間，鄉鎮層級都設有租佃調解委員會，專門處理因土地租佃引起的糾紛。此種管理糾紛與衝突機構也具合法性，可爲法院裁決與分擔許多訴訟案件。後來不少鄉鎮調解委員會繼續存在，轉爲處理更廣泛、更多元的衝突事件，除土地租佃糾紛外，也包括婚姻衝突、借貸糾紛等。對於減低社區內外的衝突與糾紛，都具有很大的功能。

◆法院

　　在法治的社會，許多糾紛與衝突或惡性的競爭，都以上法庭作爲終極的裁判與解決。法院分爲三類三級，三類是民事、刑事及行政法庭；三級是地方法院、高等法院及最高法院。衝突或惡性競爭事件究竟歸屬哪種法院或法庭處理，則依性質不同而定。一般經由法院進行訴訟，都從地方法院開始，不服裁判再上訴高等法院，再不服即上訴最高法院。至最高法院三審判決定讞，不能再上訴或改判。

# 第三篇

社區福利與服務的
工作方法與技巧

社區工作的目標與本質有兩大類型：一種是積極性的發展工作；另一種是較消極性的福利與服務工作。後一種之所以較消極性是因為較多消費與較少生產。福利與服務的對象主要為弱勢族群。因其弱勢、未能自立、少有生產，不得不給以福利與服務。

社區福利與服務一般都經由三種方法提供，第一是社會行政方法，第二是以非營利組織方法，第三是以半營利的方式經營方法。本篇分成三章討論與說明此三種社區福利與服務的工作方法與技巧。

# 第七章

## 社區福利行政方法與技巧

- 配合環境情勢
- 設定行政組織與職能架構
- 決策與計畫
- 建立法治
- 依法執行
- 管理與監督
- 評估與檢討
- 行政改革

此種方法是將提供給社區內弱勢群體的福利與服務納入社區行政系統，成為社區行政的一環，由政府主導與辦理。在基層行政機構如鄉鎮區公所內，都設有社會行政部門，如由社會課或社會局，來執行社區的社會福利與服務行政事務。本章討論內容不再多說社區的行政機關推行了什麼內容，而是說明如何推行，亦即其推行的方法與技巧。

# 一、配合環境情勢

各社區的社會福利與服務機關的工作項目，雖是大同小異，但內容的組合會有很大差異，因為要配合環境情勢。各地的環境可能會有很大不同，配合當地環境情形，社區福利與行政才能切合實際，不致有太大的缺失與浪費。為能配合環境情勢，必要注意下列四項重要工作方法與技巧。

## (一)分析與瞭解需求

福利與服務行政的目的在應對需要，滿足需求。許多需要福利與服務行政的人所要求的都是很基本的，不會奢求。行政工作者先要能蒐集他們的需要，進而分析與瞭解其需要的內容與程度，工作起來才能切實。

依據過去的經驗，社區福利與服務工作者應對的需求大致不外食、衣、住、行、就醫、就業、社會關係的調和、災難的減少等福利與服務，工作者要能細心的分析與瞭解，工作起來才能深得人心，符合需要與目的。

## (二)分析與瞭解資源與能力

要能有效應對社區福利與服務需求，必須有實質的資源可供使用，也必須有能力之人給予提供。社區工作者必須能分析與瞭解並掌握這些資源與能力，妥當的運用，才能做好福利與服務工作。被動的工作者也許只能坐等上級政府編列的預算資源與人力。積極有作為的工作者，則更必須考量工作所需要的資源與能力，向上級反應請求。惟在向上反應申請時，不僅要深知本身工作上的需要，也要能瞭解上級可能有的資源與能力限度，不作過分的奢求。

## (三)分析與瞭解其他相關行政

每位社區福利與服務行政人員，工作的範圍都只是整體社區行政的一部分，常需要與其他相關行政相配合，才能較為順利。因此工作者有必要分析與瞭解其他相關行政，在不違背規範情形下，與之作妥善配合，才能使行政績效事半功倍。相關的其他行政部門包含垂直關係的主管或下屬機構，以及平行的同等級的其他行政部門。

## (四)分析與瞭解他國同類行政狀況

所謂「他山之石，可以攻錯」，外國同類行政狀況，包括其行政目標、方法與得失，都很值得供為本地工作的參考與借鏡。若能多作分析與瞭解，必然有助本地社區福利與服務工作的參考。

我國社區的福利與服務行政的歷史不長，此種行政經驗多半學自進步國家，故對其他進步國家的同類行政狀況，很值得再多學習與借鏡。

## 二、設定行政組織與職能架構

### (一)建立行政機關體系

　　社區福利與服務行政的推行與實施，要有推行與實施的主體機關。行政機關的設立性質，應依據所要提供的福利與服務項目及其複雜程度。業務項目多且複雜，行政機關也必須要有較大規模與較複雜的組織結構。否則，以較小規模與較單純的組織架構便能應對自如。

　　建立行政組織與職能架構，常是組織機關主管人員的任務，也常要牽連到立法機關的同意。社區工作人員常少有置喙餘地，用不著多操心。但當行政機關的組織體系與福利服務不相配時，工作人員陷在其中必會有難以施展身手的痛苦，有必要即時向上反應，或作建議，使能表裡相互配合，使機關的職能有效施展。

### (二)分配機關部門職能

　　社會組織或行政組織要有良好效能，必須要有合適的分工，社區的福利與服務行政機構，必須注意此種機關的組織原理。組織分化要能合理配合分工的職務，使各部門能順利均衡克盡業務與職能，各部門之間也能相互調和合作，則整個機關的功能才會盡到最好境界。

　　每位社區福利與服務的工作人員，都處在特定職位上，扮演特定的角色。有關機關職位與機能分配的工作，都有特定的工作職位與角色專司其事。但每位工作人員的職位與角色，都只是整體機構的分工架構之一部分，結合各小部分的職務與功能，才能使整個機構展現績效與效能。

## (三)充實行政資源

　　社區福利與服務工作要能有良好成績表現，必須要有充實的行政資源爲之配合。重要的資源包括預算資金、人力及設備等。行政工作的資源都來自公務預算。從政府總預算中，編列一部分作爲社區福利與服務工作之費用。這些預算在中央高層需經立法機關同意，在地方則需經議會或代表會的同意。故國會、議會或代表會在審查預算時，行政人員都要在攻防上多費工夫。爲能說服民意機關同意編列的預算，行政機關都要仔細編列，不有遺漏，但也不能虛浮不實。否則未能取信民意機關，反會被民意機關刪除必要的預算，導致預算不足，施政難行，便得不償失。

　　爲能充實社區福利與服務的預算資源，在總預算固定的假設下，社福工作部門需與其他部門競爭取得預算資源。爭取的重要做法是，要有較詳實良好的工作計畫，有時與上級機關首長建立良好關係與交情，也是有效的方法。但不宜只靠公關，而不切實際，否則行政的規矩必亂，效果必失。

## (四)聯繫相關同層級機關及部門共同行政

　　社區福利與服務行政部門若能與同層級相關機關與部門共同行政，打開門戶成見，常可省時省事，節省開支，卻可獲得良好的行政效果。但事實上，許多行政機關爲能獨占績效，通常很少與不同部門之間共同行政，反而常會造成一件事情由兩個不同機關分割工作，造成資源的浪費，勞民傷財。

　　爲能與相關同層級機關及部門做好共同行政，社政部門最好能在各部門聯繫會議時，提出計畫並加以說明，使其他部門及機關首長都能信服並贊同。

### (五)強化上下機關之間的功能關係

行政機關的組織，有平行的部門單位，也有上下的主從單位。社區福利與服務機關分屬各層級，位在中間的層級機關都有上下相關機關，最高層級則有多層相關的下屬機關，而最基層的機關則有多層相關的上級機關。社區行政工作要能做好，則有關的上下層機關都要能有良好的連接功能。上層對下層盡好指派、輔導與監督的功能，下層則對上層盡好交付任務與呈報成果等的職責與功能。

## 三、決策與計畫

各級社區福利與服務行政工作，都應有其單獨的決策與工作計畫。決策與計畫有連結一致的部分，也有分開的情形。一致的部分是指決策為計畫而作，計畫則是將決策作成具體細密的構想。分開的情形，是指決策與工作計畫無關之事，或計畫不涉及決策的部分。但多半的決策與計畫是相連接的，亦即對計畫的要項及細節作決定，或依重要決定而編列細部的工作計畫。社區福利與服務機關的決策與計畫，主要是由主管人員所作的。主管人員在作決策與計畫時，必須將下列幾項要點放在心上：

### (一)設定施政目標與細部方案

決策下定後接著就應針對決策作成行動目標與細部的實施方案。施政目標可為單一性，也可為多樣性。也有正式總目標與操作性目標的結構關係，操作性目標是具體可行者，由達成各項操作性目標而可達成總目標。目標又可分成近程、中程與長程的時間差異性。至於細部方案是指針對個體細部目標而設定者，包括各項細部目標以及可達

成目標的方法與手段。

## (二)正義的決策與計畫原則

社區福利與服務行政工作的決策者及計畫者，在下定決策與計畫時，必須遵守正義的原則，即是要能造福人群，而非爲了有利自己而犧牲他人的不正義性。曾見有行政領袖爲了競選勝算，在作決策與行動計畫時，只考慮有利競選勝利，卻不顧及多數社區份子的利益與福祉。這些決策與方案計畫，是很不正義的，故也很不可取。

## (三)民主的決策與計畫程序

工作決策與計畫要能符合社區多數人的利益，則在決策與計畫時，要能經過民主的程序，多聽取及參考社區居民的意見。不獨裁武斷，能多將社區民眾的想法與希求納入決策與計畫的內涵。

## (四)合理的決策與計畫選擇

當有兩套以上的決策與計畫並存，而可供選擇時，則社區福利與服務的工作者，需能作合理的選擇。較合理的選擇指標是能有較佳成效、較低成本或較容易進行等。若某一決策或計畫同時在每一項指標上都占優勢，則顯然是較合理的選擇對象。但若某一決策或計畫在各項指標中有部分呈現較優越條件，但在另些方面則呈現較劣勢條件，則合理的選擇就難以做成，有時只好由決策者或計畫者作主觀的判斷而定。

## (五)周密的決策與計畫考慮

一項好的行政決策與計畫，都要經過周密的考慮，才能不失敗。實行起來才會較多成功，較少失敗。行政的決策者與計畫者必須能記

住此一原則，而不輕易行事。

# 四、建立法治

民主的社區福利與服務行政，都要能依法實行，亦即所謂「依法行政」，故行政常要有立法在先。如下幾點是有關法治化的福利與服務工作措施應依循的規則或方法。

## (一)立定法律與規則

實施社區福利與服務行政必先立法。國家依據憲法制定社會政策，再依社會政策立定各種社會法律。社區福利與服務工作則依各種社會立法而執行或辦理。我國現行的社區福利與服務行政所依據的社會法律約有下列十餘大類，即：(1)《社會保險法》；(2)《社會救助法》；(3)《兒童及少年福利法》；(4)《婦女福利法》；(5)《老人福利法》；(6)《身心障礙者權益保障法》（或簡稱《殘障福利法》）；(7)《原住民福利法》；(8)《就業安全法》；(9)《健康與醫療照顧法》；(10)《社會住宅法》；(11)《社區營造法》；(12)《社會工作師法》；(13)《志願服務法》；(14)《公益勸募條例》；(15)《公益彩券發行條例》等。上列有些大類都還含許多小類。

各種社區福利與服務要能有效實施，常在各種法律之下再設實施條例或細則，依據實施條例或細則，實施起來更能細密扎實。此外，各社區福利與服務工作者，又可能在合法情形下各自設定各種工作規則，便利工作的推行。

## (二)規定過程與內容透明化

在民主國家，各種有關社區福利與服務工作所依據的社會法律，

在規定的過程以及立定的條文都必須透明化。雖然大多數的人民對於立法過程中各政黨的爭論與協商未必都能瞭解，但都應以能公開透明為原則。立法時的辯論都應以全程錄影處理，有時對較有爭議且是民眾很關心的議案，在立法之前，各政黨或立法院方面為能廣聽民意，也常辦理公聽會，作為議決的參考。

　　但事實上，有些立法的過程也會有密商的情形，未能全部公諸百姓。此類過程常使百姓感到遺憾，故應以能避免為原則，否則會落入立法不民主之口實。

### (三)立法掌握要點

　　各種社區福利與服務行政所依據的社會法律，都應以能掌握要點為原則。如下列舉二、三種法律所規定的要點，使讀者瞭解法律的內容不能隨便立定，必須掌握要點，才具意義與重要。

#### ◆有關《全民健康保險法》的規定要點

　　根據最近2010年1月修正後的健保條文，包含的要點共有五項：(1)保險目的；(2)保險對象；(3)保險人；(4)保險費；(5)保險給付。

#### ◆《社會救助法》規定的要點

　　我國的《社會救助法》最近一次修定在2011年12月。公布的條文共有四十六條。重要的大項有：(1)立法的目的；(2)救助的項目；(3)主管機關；(4)救助的對象；(5)生活扶持的內容；(6)醫療補助的內容；(7)急難救助的內容；(8)災害救助的內容；(9)社會救助機關；(10)救助經費的預算與支應；(11)罰則。

#### ◆《老人福利法》規定的要點

　　我國《老人福利法》最近一次修訂時間在2009年7月。規定的要點有八大項：(1)立法目的；(2)服務對象；(3)老人經濟安全之保障；(4)老

人服務措施；(5)老人照顧服務的原則與方法；(6)老人福利機構；(7)老人保護措施；(8)重要罰則。

## (四)有效率進行

　　設定有關社會福利的法律是與社區福利與服務行政有密切關係的一環。此一環節在進行過程中應能把握效率，才能影響行政的效率。把握立法效率的要點，首先在於要能設定良法，不使法律因有汙點而成為惡法。其次是在立法過程不得延誤，曠廢時日，致使行政無法進行。第三是由於社會變遷，法律常要修訂，才能實際有效。此三種要點，立法機關與立法者雖多半都能明白，卻也常有失誤，未能很有效率進行。主要緣由有因利益團體的誘惑，以致失去公正的準度。有因政治的糾纏，而未能全依良知行動與進行。也有因為私事忙碌，以致失去對立法工作的認真度。立法人員若能注意改進這些職務上的疏忽與誤差，應會較有效率進行。社區福利與服務行政也能受到有效立法而增進效率。

## (五)檢討與修訂法律與規則

　　修定法律是一種法定程序，對現行法律某些部分加以變更，目的在使法律更能適應社會經濟發展的需要，使其更加完善。修訂時，都經提案與審議的過程。

　　為能使修訂後的法律變為更適當、更完善與更公平，修訂時必須要注意不淪為特殊集團的工具，也不為特殊集團推卸責任，或圖謀不當利益。否則修訂反而會引發多數百姓的不滿與憤怒。

# 五、依法執行

　　法治的社會各項社區福利與服務行政都得依法執行。事實上，會見有些行政人員有意刁難或無意疏忽的行為，使需求福利與服務的人感到難過和不滿。為能減少行政疏失與刁難，以致妨害立法的美意，行政人員必須注意操守與德行。當其依法執行時，必須注意遵守下列三項重要原則：

## (一)講求公正

　　公正是指平等對待所有的人，包括程序公正及社會公正。程序公正是指追求起點平等，不准有人偷跑，一開始就占在較有利的出發點。社會公平是追求結果的平等，不因人們的起點、運氣和努力不同而有不同結果。行政者應注意程序公正的基礎，也應兼顧社會的公平，尤其對待弱勢者不因他（她）們跑不快，跑得慢，或不會跑，就喪失應得的利益。但也應注意不因過度保護弱勢者，致使弱勢者過度依賴政府，以致喪失本身自立自強的能力。

## (二)講求效能

　　行政效能是指行政工作人員向公眾提供服務的水準和能力。包含服務數量、品質、效果、影響、能力與公眾滿意度等。針對目標達成的程度而言，應特別重視終極的效果，而不僅是顧及短時性的效果。同時也應對效果的品質加以保證。

　　各種社區福利與服務工作，都有其具體的目標，工作者為能達成工作效能，必須能達成這些目標。工作者為能增進本身的工作效能，本身要能注意學習與培養工作能力，對工作業務要能熟悉內容。本身

也要能善於管理時間，能善與人溝通，並能改善工作上的惡習等。

機關要能提高效率，領導者的管理能力非常重要。領導者對於人事要能作合理的安排，給人明確的工作目標與職責，注重訓練部屬，培養人才，獎懲分明。營造融洽溫暖的工作氣氛與環境，讚美與肯定部屬，鼓勵工作士氣與熱誠。

### (三)講求效率

效率是指工作的投入與產出的比例。投入少產出多，表示有效率，投入多產出少，表示無效率。工作的重要倫理與目標之一，是在追求效率。效率也可表示效能。有效率的工作表示其工作效能也高。

工作者個人要能提高工作效率，先要能保持良好的工作意願與工作情緒。要選對工作方向、目標與方法。使用最直接的工作方法，避免拐彎抹角。對負責的工作，要作科學的計畫與管理，選擇合適的工作工具，養成良好的工作習慣，依流程進行，勤學好問，認真努力，且要有適當的放鬆與休息。

至於機關或團體要講求效率，則首重良好的資源組合，亦即要作好組織結構，安排合理的工作流程，刺激組織份子有良好的工作動機，促使人群關係良好，善用技術與工具，建立與實行良好的工作制度，及善與環境因素配合。以上這些工作方法應由組織或團體的負責人、領導者或管理者負起最大的責任。

## 六、管理與監督

在社區福利與服務行政體系內，要使行政工作有效能與效率，少不了要有管理與監督的制度與作為。行政體系中的管理，主要是指主管人員對組織或機關內的人與事務及資源加以調和，使其順利達成行政的目標。

　　監督是指管理者或行政主管對部屬行為的監察與督導。監察其不要犯錯,督促其要能按部就班工作。目的都在能提升機關或工作的行政效能與效率。

　　就社區福利與服務行政而言,重要的管理與監督細部方法很多,在此僅提出工作人員最需具有的概念以供銘記。

## (一)管理的基本工作

　　組織或機關的管理工作有四大基本要項,也是其基本職能,即計畫、組織、領導與控制。計畫是指規劃工作目標、方法、進度等事項;組織是指對人與事的合理安排;領導是指對部屬的激勵、示範與影響;控制是指主控運用機制與手段,使受控制者達到主控者所預期的目標。此種職能與監督意義相近。控制者可用的機制與手段不少。行政機關所使用的控制機制或手段都合乎人道的精神,但有些另類的組織,如黑道組織或間諜情報機關,則常用不人道的控制機制與手段。

## (二)監督者與行政工作者分立的原則

　　在行政體系中,監督者常是工作者的上司,但也可以是組織外的人,但整個行政機關的監督者則必須是行政體系外的組織,如我國中央政府的監察院,由監察院監督行政院的績效。監督要與行政工作分立,意義在能避免由工作者自我監督所造成的虛假與偏差,以免失去監督的本意。

　　當前我國不少行政機關在評估或監督行政績效時,常經組成評估或監督委員會行之,但委員的組成卻是由主政機關所聘請,甚至包括主管人員在內,這無異是以自己人評估或監督自己之事,難免會有失誤。

### (三)有效的監督

有效監督行政工作人員，可使工作人員守身如玉，不營私腐化。有些行政人員會因無人監督或監督不力，致使會有「得人好處，予人方便」的腐敗弊端。也有些不肖行政人員憑藉公器權力作威作福，未能善盡服務人民的職責。故有效監督是行政事務的必要環節之一，不可或缺。

對於行政體系的有效監督，除體系內的主管人員要能做好表率以外，政府中監察權的行使要能正常，不使宅內護航、虛張聲勢、只打蒼蠅，不打老虎。此外，設置可使人民投書反應的管道，也是重要的方法。

## 七、評估與檢討

社區福利與服務行政要能有效進步，不能省略評估與檢討，並依評估與檢討結果作必要的改革。行政工作的評估與檢討可分為過程與成效兩種情形。前者著重在評估與檢討行政工作的過程是否適當；後者則注重評估與檢討工作有無達成預期目標，及達成的目標是否有價值並是否可取。行政工作的評估與檢討要能做得好，可依循下列若干重要的原則與方法進行。

### (一)持客觀的態度用科學的方法

評估要能真實，必須持客觀的態度且用科學的方法。客觀的態度是指不受主觀的思想或意識影響，而能保持真實性及合理性。持客觀的態度才不會被主觀的意識所蒙蔽，不至顛倒是非與黑白，不因有利於己便說對，不利於己便說錯。持此態度所作評估的結果才能反應真

實，才不會自欺欺人。

　　評估的人要能做到客觀的態度必先要認知其重要性，並要決心加以訓練與培養，克制私心私意，消除頑強的主觀獨斷。多體驗與分享客觀的優點與好處，才能逐漸養成。

　　科學的方法是經由觀察與經驗事實，以及按照明確的推理原則來檢查自然現象，獲得新知識的過程。實際可用的科學方法與技巧很多，包括觀察、調查、實驗、計量、預測、證明、比較、分析及解說等。

## (二)重視接受者反應的原則

　　福利性與服務性的行政工作，目的在使接受者能獲得利益與福祉，並改善生活。故評估工作成效得失時，特別要重視接受者的反應，確認其是否真有接受好處及其感受。為能確知，必要經由實際調查或訪問的程序。且所做的調查與訪問務必要確實，不可敷衍，更不可作假，否則不如不評估。

## (三)可應用多種模式

　　過去評估專家曾經發明並使用多種評估的模式，值得供給後學者參考應用，參照這些模式可以有效達成評估目的。過去一位美國的方案評估專家豪舍（Hauser）提出八種評估模式或方法，茲分述如下：

1. 系統分析法：先將評估事項加以系統整理，設成有秩序的架構，而後逐項加以分析評估。
2. 行為目標分析：針對多種重要行為的目標概念，評估與檢討有無達成，並對達成程度是否良好加以分析。
3. 決策分析法：此法重點在評估決策是否正確務實。
4. 不預設目標分析法：評估者心中先放空意圖，見機行事，從進行評估中掌握評估要點，此法與目標評估法完全不同。

5.藝術性評估法：指像藝術家在評論藝術一般，可從多種角度，無拘無束的評估。

6.專業者的論點：依專業者的專業概念，看常人所看不到的門道。

7.依據法理的評估：包括依據法律工作者及準法律工作者的規律，以法理的準則來評估工作過程與後果的是與非或對與錯。

8.個案研究法：從多數的母體中選取一個代表性的個案加以評估，以較深入方法評估其細節，作為推知其他案例的共同性質與問題。

## (四)掌握要點

各種工作方案或事件可供評估與檢討的面相很多，評估時必須掌握要點，不必樣樣都做，才不致耗費許多不必要的精力。所謂要點，應指以評估目的為考慮基準。

# 八、行政改革

社區福利與服務行政執行之後，經由評估與檢討後常會發現缺點，必須加以改革，才能改善並進步。此種改革具有政治過程的性質，改革的目的在能對社會環境作更好的適應，也可提高行政效率，並要公平處理公共事務。改革常涉及行政體制、組織結構及權力配置等重要事項。行政機構在進行改革時，有若干重要原則、取向、機制或工具，茲將三者的重要內容扼要說明如下：

## (一)改革的原則

行政改革的重要原則有下列五點：

1.進行科學與嚴密的規劃，求能愼重展開。

2.以保持社會穩定、不引發社會動亂爲前提。

3.由改變觀念，進而改變體制，終能提高效率的目的。

4.要有政治與法律的保障，不因改革而喪失基本權益。

5.以能順利轉變政府的職能爲重點。

## (二)改革的取向

行政改革也有若干重要的取向可循，下列各種即是：

1.以能適應社會環境爲取向。

2.以調整機構，使其更爲精簡或更爲健全爲取向。

3.以調整結構爲取向，主要在調整權力關係。

4.以改變人事制度爲取向。

5.以改變職能爲取向。

## (三)改革的機制或工具

進行行政改革需要運用有效的機制或工具。重要的機制或工具包括下列數種：

1.立法或修法的機制。因爲法律是行政的依據，要改革行政，常要以立定或修改法律作爲前提或機制。以法律保護行政的執行。

2.加強宣導或製造輿論。經由宣導或製造輿論，可使人民能由接受，進而支持改革。

3.制定切實可行的改革方案。改革方案包括詳細的改革內容、實施辦法及實行時間。改革不能只是口號，而是一套實際可行的行動計畫與方案。

4.選擇適當的時機與地點進行改革。時機與地點適當，改革的阻力減少，成功的機率加大。

5.儘快取得改革成果，爭取民眾信服，避免在中途有反對或阻擾。

6.組織推動改革小組，推行改革行動。

# 第八章

## 運用非營利組織的社區工作方法與技巧

- 非營利組織的特性
- 興起時機
- 使命與目標
- 工作導向或範圍
- 角色扮演與執行方法
- 理念與原則
- 組織的設立與發展
- 行銷策略
- 績效管理

　　社區的福利性與服務性的工作，除了由政府以行政的方式展開與進行之外，也常見由非營利組織起動與推展。本章內容在介紹與說明此種工作方法與技巧如何運用。在論述詳細的運用方法與技巧之前，先對非營利組織的特性作些說明，由此說明也可看出運用此種組織來推動社區福利與服務工作的適當性。

# 一、非營利組織的特性

## (一)非營利性

　　非營利組織從其名稱上一眼便可看出，其宗旨為非營利性。此與企業組織的主要目的在營利性質，明顯不同。非營利組織的工作領域非常廣闊，包括藝術、慈善、教育、政治、宗教、學術及環保等。其主要職責在彌補社會需求與政府供給功能之間的落差。雖然有些非營利組織也能增財，可由捐贈或孳息得來，但這不是其主要目的，故其所增加之財富不能分配給擁有者、股東或會員，而是提供給社會或民間的需求者。

## (二)非政府性

　　雖然政府的設立基本上也非營利性，但一般所稱的非營利組織不將政府包括在內。與政府的第一部門及私人企業的第二部門相區隔，成為社會上的第三部門。

　　第三部門的非營利組織雖非為政府性，卻也接受政府的扶助與監督，故與政府組織有非常密切的關係。

## (三)志願性

非營利組織的設立都出自民間的自願，願意出錢出力，貢獻社會，服務與造福民眾。組織中常有志願性的義務工作者，參與組織的活動或工作，不求獲得酬報。

## (四)公益性

非營利組織的業務與功能都爲公益性。以促進公共利益爲目標，不以圖謀特定私利爲目的。爲防止其圖謀特定利益的危險性，此種組織必須向政府登記，受政府的監督。

## (五)免稅

因其以提供公益爲目的，若有收入與所得，終究都奉獻給他人，不爲私利，故政府特准不予課稅。因爲課稅的目的與結果也在回饋民眾，與非營利的目的相連結。

# 二、興起時機

社會上或社區中非營利組織的興起，有其重要的環境因素，這些重要環境因素出現時，是其萌發的重要時機。

## (一)政府失能

照顧人民的生活本來是政府的基本職能。人民繳稅給政府，有能力的政府將稅收作合理有效能的分配，也可使人民過著安定的生活。但古今中外的政府，都會有失能的時候，未能將人民的生活照顧得很好，社會上存在窮困的人無法生活，殘障、老弱、婦孺、兒童、移民

等弱勢群體生活也會陷在無助的深淵裡。此時非營利的慈善團體或組織，便可能應運而生，出面協助政府，照顧這些難以自立生活的弱勢群體。

但是在有些苦難與弱勢人民很多的國家或社會，也不一定都能興起非營利組織。如果整個國家或社會普遍都陷入貧窮與苦難的情況，也少有能力興起第三勢力的非營利組織。還必須有其他的條件作爲基礎，例如要有慈善的企業家或有錢人出面，非營利組織才能有效興起。

## (二)社會與人民有需要

非營利組織的興起，第二項重要的背景因素是——社會與人民有需要。需要來自社會上出現不能自立的人，要求非營利事業給以幫助。這些人的產生可能出自社會與國家的問題，也可能出自個人與家庭的問題。政府無能是前種問題之一，也可能因爲社會上發生了像戰爭、瘟疫、天然災害之事件。後種原因或問題則可能出自個人或家庭的不幸，例如罹患疾病、車禍、失業、人禍等原因或問題。

社會與人民的需要可能是需求者以伸出雙手或經口中吶喊表示，也可能由社會上其他的人感應到，影響有人願意設立非營利組織，幫助社會上需要的人。

## (三)企業慈善抬頭

非營利組織的目的不在營利賺錢，但卻常必須花費錢。錢主要是從捐贈而來，有能力捐錢的人是較富有之人。在傳統封建時代，較有錢的人是大官與地主，但到了工商業發達的時代，較有能力捐錢的人是企業家。工商業越發達，社會累積的財富越多，能捐出較可觀數量金錢的企業界慈善家，或慈善企業家也可能越多，非營利組織也會越

興旺越蓬勃。

　　企業的慈善捐款可能由自設的慈善基金會來運作，也可能奉獻給外界他設的非營利組織或機構，經其匯集各方的捐款，經營較大規模的非營利事業。在台灣，非營利組織的興起不能忽視宗教團體。許多民間的寺廟，自古以來因有善男信女的捐款，後來陸續又有慈善企業家的贊助，乃都能形成實力雄厚的非營利組織。外來的教堂教會的組織，起初先引進外國的捐助，後來也有本地教友的贊助參與，也都能形成實力匪淺的非營利組織。

## (四)人類尊嚴的提升

　　非營利組織的主要任務是在援助與拯救弱勢族群，脫離困苦與危難，提升做人的尊嚴。非營利組織及其贊助者，也都先有提升人類尊嚴的意念，才願意貢獻所得與所能來救援陷入苦境的人群。贊助與經營非營利事業的人，本身也能從參與非營利組織活動中，獲得超越物慾與私利，發揚利他、助人的崇高情操與人性尊嚴。此種人性或人類的尊嚴越為普遍提升，樂意參與非營利組織活動的人也會越可觀，非營利組織事業也越能興旺。

# 三、使命與目標

　　參與或從事非營利組織事業的工作者，必須要能正確認識此種組織的使命與目標，才能使工作正確，並能發揚光大。此種組織的重要使命或目標有下列五項：

## (一)引導社會向善變遷

　　社會變遷的方向很多，可能變好或變壞，可能變富或變窮，也

可能變善或變惡。非營利組織的中心使命或目標是，要能引導社會變善。變善的功能可由工作者及接受者雙方面的人共同達成。因為奉獻非營利的福利與服務工作，本質上是一種利他的善良工作，工作者實踐了向善行為，也為引導社會累積或推展向善的事蹟。接受者也可由非營利組織的工作獲得幫助改善生活條件與能力，也會在內心種下感恩及日後謀圖回報的善念。直接或間接都會影響社會朝著善良美好的方向改變。

## (二)改善人類生活

改善接受者的生活條件是非營利組織的具體使命與目標。此種組織的受助者，本來都是陷入生活臨界的不幸人口，少許的幫助都可使其生活有顯著的改善，脫離貧窮、病患、失意、災害、無助等苦難生活。雖然於接受幫助之後不一定都能改善到完美境界，卻都能有顯著提升。

## (三)造就社會福祉

人類能改善生活是一大福祉，能獲得他人友善的幫助與對待更是重大的福祉。福祉包括得自物質上、金錢上與生理上的實質改善，也包括精神上、心靈上的無形改善。社會上更多的人能獲得福祉，全社會也能造就更多福祉。當社會中不幸的人減少或能獲得改善，全社會也能變為更加安定與和平，也為全社會的人帶來更多的福祉。

## (四)實現社會正義

所謂社會正義是指社會上不同階級、群體或領域的人付出與所得的公平性。「公平」常被政治人物或組織作為討論或主張所得、經濟利益或社會資源重新分配的依據。

　　非營利組織的重要職責與使命是，將生活過得去的人，所捐助的金錢與物資重新提供或分配給有需要的弱勢群體，分配或提供時必要很細心斷定需求的迫切與否，作爲適當的排序。這些工作或功能都高度符合社會正義與公平的概念與原則。任教過哈佛大學的美國政治學家約翰・羅爾斯（John Rawls）（1999），對正義提出兩個重要原則：其一是每個人都有權利擁有與他人同樣的自由權利、政治權利及財產權利；其二是社會和經濟的不平等應安排得對每個人都有利。非營利組織所做的工作，正是尊重每個人原有的權利，並且介入不很平等的社會經濟，實現重新分配，使每個人都有利，因此符合正義的原則。

## (五)促使人類與環境和平共處

　　非營利組織致力於社區內環境保護的工作，正是以促進人類與環境和平共處爲目標。隨著工業化的進展及物質生活水準提高，環境破壞與汙染越形嚴重，此種組織也越爲重要。環境保護的重點在於防治環境破壞及汙染，以及保護自然資源。台灣社會或社區中有多種非營利組織，如台灣環境保護聯盟、財團法人自然環境保護基金會、中華民國生態保育協會等。這些重要的非營利組織，主要目的都在保育生態、保護環境，使現代社會的人及後代的子孫都有較美好的生活環境，也使人類與受到保護的環境能較和平共處。

# 四、工作導向或範圍

　　檢視社會上各種非營利組織的工作導向或範圍，相當寬廣，都可作爲社區設定非營利組織工作導向或範圍的範例或楷模。重要的工作導向或範圍可列舉成下列諸項：

## (一)醫療保健

不少非營利組織成立的宗旨是為了能促進民眾的醫療保健。針對某種特定疾病作特殊的預防與治療方法，如防癌、防糖尿病等基金會或協會，選擇從食物控制方面宣導理念與方法，協助正統醫療技術，達到更好的防治成效。

## (二)去除貧窮

此種工作導向或範圍向來是社會福利進步國家，如英國、瑞典、加拿大等最早強調的福利行政項目，也是往後世界各國實行社會福利行政工作的重心之一。但政府的福利行政工作常會有疏漏，且不盡完善，故也為非營利組織努力填補的工作方向。重要的做法包括救濟以及輔導就業等。

## (三)安定生活

社會上有許多人生活未能安定。貧窮的人經濟生活不能安定；家庭失和甚至有暴力傾向者，社會生活也不能安定。常為非營利的社會工作團體所關心。戰亂災難時一大群人生活都很不安定，也為國際性紅十字會之類的非營利組織所關切，並加以救助，目的都在安定難民的生活。

## (四)環境保護

如前面所述，因工業汙染及物質欲望提高的結果，造成自然環境嚴重汙染與破壞，乃也引發有心人憂慮，因而設置非營利性的環境保護團體或組織，搶救環境的安全與維護。

## (五)扶助弱勢群體

社會上存有多種弱勢群體，包括殘障者、婦女、兒童、老人、失業者、新移民及少數民族等。弱勢的人自立能力低，很難在大社會或社區中立足，是各種非營利組織服務的重要對象與目標。

## (六)創造公共利益服務社會

公共利益涵蓋的範圍甚廣，包括造橋鋪路、美化環境與防治災害等都是。這些工作導向與事項也是許多非營利組織所樂為者，最終結果都在能安定社會，造福人群。

## (七)教育研究

許多非營利組織，如各種基金會等，將工作目標投向教育研究，包括本身設定教育研究團隊，以及贊助既成立的教育研究團體。在國外頗多有規模的企業集團所設立的基金會，都極力贊助大學或研究院建造設備或提供教育訓練與研究經費。近來國內企業家所成立的基金會，也逐漸多見。但也有不少基金會的規模不大，是由關心教育研究的私人設立，只能提供獎學金，鼓勵青年學子，投入學習與研究之路，其功德與效果也不可忽視。

## (八)文化育樂

文化育樂事業與活動對於人生雖不如衣、食、住、行，那麼迫切需要，卻是提升生活品質的重要事項。此種事業與活動，政府雖有提供，但也常有不足之虞，需要民間補充。非營利組織也很重視補充此一領域，最常見幫助各地社會團體組設文化育樂事業。先是贊助團體成員的消遣與娛樂活動，而後也協助團體對外推廣服務。音樂、戲團

與舞蹈團體與組織是此類組織的典型代表。非營利組織常以贊助文化育樂為主要目的，有時展現文化育樂活動時需要收費，但主要用意在維持會員生活及活動的必要開銷。經費不足時也需要向外募捐。社會上有些文化育樂組織也有獲取高利的可能，如影視業者及職業球隊。但這些組織都不能與非營利性的文化育樂組織或團體相提並論。

## 五、角色扮演與執行方法

非營利組織的角色扮演與執行方法和一般社會組織有相同之處，但也有不同之處。下列是非營利組織較為獨特的角色扮演與執行方法。

### (一)開拓創新

非營利組織因無利可圖，故不為一般人所樂為。創辦者都有其開拓創新的理想性，做一般人所不願意做的事。而其開拓創新的性質，也常非一般人所能為。

### (二)改革倡導

改革倡導性的非營利組織，如環境保護團體或心靈改造的宗教文化團體，其所做之事都是艱難不易，也是常人所不願嘗試者。要成功都有很高的難度，但一旦成功則享有很高的榮耀。著名的諾貝爾和平獎，就曾頒發給到貧苦落後地區救助窮人及病患的慈善組織領導人。

### (三)提供服務

非營利組織的宗旨與營利組織相反，前者在提供服務，後者在賺取利益。服務者重在付出，使受服務者能夠滿意。服務者本著出自關懷他人，成就他人的心意，從中肯定自我。非營利組織在提供給接

受者服務時，要能眞誠、尊重及重視承諾，不能虛僞、鄙視或不守信用。

## (四)提供諮詢

非營利組織的另一角色是提供諮詢，幫助弱勢者得到自己得不到的資訊，也幫助其瞭解需要與問題，獲得滿足需要與解決問題的適當途徑與方法。諮商性的社會工作者就常扮演此種角色。

## (五)監督制衡

非營利機構也由監督政府或社會上各種民營機構，使其減少不當或過度的措施與行爲。中華民國消費者文教基金會（簡稱消基會）過去就努力過監督物價不當上漲、商品成分不實或不當，以及政府經濟政策與人民願望有落差等事件。這種監督都能收到制衡企業主及政府的功效。

## (六)挑戰批判

有些非營利組織設立的使命即是對權威的挑戰與批判。台灣人權促進會、澄社、台灣新聞記者協會、台灣媒體觀察教育基金會、台灣守護民主平台、民間司法改革基金會等，常會針對政府、司法、企業、社會惡勢力等權威機構，提出挑戰與批判，批判其不公不義之處，挑戰其改進與補救。此類非營利組織常容易得罪權勢，受到打壓，卻都能越戰越勇，並得到更多民眾的支持。

## (七)濟世助弱

非營利組織的另一崇高與可貴的角色，是濟世助弱。以慈善組織或功德團體的姿態執行任務。台灣的佛教慈濟功德會是一個享有盛

名的非營利性組織，成立數十年來重要事蹟是艱苦修行，普愛眾生，悲天憫人，救貧濟世。社會上類似以濟世助弱的慈善功德團體還有不少。

## (八)推廣公眾教育

非營利機構為了能擴大造化眾生，改革社會的效果，也經常扮演推廣教育者的角色。經由推廣公眾教育的途徑與方法來執行其宗旨與任務。常見許多宗教團體在電視媒體上佈道傳教，或經由舉辦團體靈修來宣導道德的理念。各大學也都設立推廣教育部門，協助推廣辦學的理念。惟近來正規大學推廣教育也有營利的意圖。社區大學對非營利理念的教育推廣色彩反而較為濃厚。

# 六、理念與原則

眾多非營利組織依賴社會的支持才能持續經營並生存。除了少數龐大企業團體所附設的基金會可由其龐大的營利抽出部分當作資金外，其餘許多的非營利機構所需資金，都由社會大眾捐贈得來。故捐贈的社會大眾也以監督的眼光視其有無按照理想與原則切實做事。一般非營利組織都標榜能讓支持者或信徒信賴及支持的理念與原則。重要者有下列這些：

## (一)負責任

負責任是任何正常人或正常組織都應具有的品德，對於承諾與分擔的事務要認真完成，不敷衍了事。非營利組織對於社會大眾都有特定承諾，要能達成某特定任務或完成特定目標。負責任才能切切實實完成任務，達成目標，也才能符合社會的期望，繼續得到贊助，完成

社會所付託的使命。

## (二)具備公信力

公信力是指使社區或社會公眾信任的能力。非營利組織是以服務公眾為重要目的，必須有能力與條件取得公眾的信任，社會大眾才願意答應與接受其服務。要使人相信則其所言所行都要有可信度，不虛假，不欺騙。不能只使一部分人或一小撮人能相信而已，而是使社會大眾都能信任。因此有公信力的人或組織，其言行作為都要合乎邏輯，符合道理，也就是要能具有公平、正義、效率、人道、民主與責任的品質。

非營利組織能具有公信力，在社會中便有信譽，便有吸引人的魅力，也成為其累積的能力與資產。社區或社會的人才能信賴他，同意委託他為民服務並謀福利。若無公信力，社會大眾會捨它而去，任其如何鼓吹宣傳，都不會受其欺騙與迷惑。

## (三)遵守道德規章

社會由風俗習慣演化成道德規章，為大眾共同遵守。非營利組織也應遵行，不可違背。各種特定的非營利組織為了能與社會大眾取得較密切具體的關係與信任，也常訂立明確公開的規章，其行事作為都要按照規章，才能符合社會的期望與信任。

## (四)信守承諾

承諾是一種同意約定的表現。可用口頭承諾，但更謹慎的承諾常要經由訂立合同或契約，乃具有法律責任，不遵守要受到懲罰與制裁。為避免受到懲罰或制裁，也為了能獲得外界長期的支持，非營利組織必須信守承諾，實現承諾。

### (五)尊重個人價值與尊嚴

非營利組織所服務的對象，雖可能包括社會上或社區中所有人群，但常選擇弱勢群體作為重要服務對象與目標。弱勢者很容易喪失或無視個人的自尊與價值，容易有自卑心與失落感，非營利組織的工作者在提供服務時，特別要尊重其價值與尊嚴，留意不傷及其脆弱的心靈，否則會得不償失，也就失去珍貴的工作意義與價值。

### (六)維護公平正義

非營利組織扶持弱勢群體，取自富有幸運之人，用於貧窮弱勢的不幸之人，促進權益平等，具有維護公平正義的精神與原則。此種精神與原則十足珍貴與神聖，可促進社會的和諧美好。

### (七)多元開放

多元開放是一種可貴的民主自由理念與價值，值得崇高的非營利組織努力追求並共襄盛舉。社會上的各種非營利組織宣示並堅持與大多數的營利組織與團體持不同目標，負不同使命。也與政府組織握有公權力來治理眾人之事的不同做法，都使社會更多元、分化與開放。且不同性質的非營利組織也各持不同性質的目標與使命，從不同方向，用不同的方法，來改變社會，造福人群。對促進社會多元開放具有更深一層的意義。對這些原則的維護與價值的追求，都值得各種非營利組織的重視與追求。

### (八)開誠布公

非營利組織效力公益，不重私利，也應無藏私與祕謀，諸事都要能開誠布公，取信全民。不僅公開工作目標與事業計畫，還應能公布

財產及收支帳目。諸事開誠布公，便可去除社會大眾的疑慮，也更容易取得社會的信任、支持與尊重，有助於事業與功能更為發展。

## (九)慎用資源

社會資源有限，非營利組織爭取時必須努力，使用時也必須謹慎，不使浪費。領導階層在規劃與實踐工作方案時，尤其要能量入為出，能將每一份資源都用得正當並有效率，才不致虧欠贊助者與所有受助者。

# 七、組織的設立與發展

非營利組織在設立與發展的過程有兩項要事，也是其重要做法，一種是人力的徵求與訓練；另一種是資源的籌措。這兩件事與營利性組織的做法大有不同之處，茲進一步說明如下：

## (一)人力的徵求與訓練

此種組織的工作人力來源分為兩大類：一類是專業人才，另一類是志願協助的工作者，簡稱志工。

### ◆專業人才

此種人才是指接受過專業教育訓練，持有專業執照者。高等教育架構內的各專業領域都是儲備各方面專業人才的搖籃。因為不同職位的非營利工作者都需要由具有專業知識與技能的人來擔任，成效才會較佳。

然而多半的非營利組織的專業工作者，得到的報酬都相對較低，專業人才若為報酬著想，常會另尋他就。除非具有不計報酬高低，願意獻身社會公益者，才較能安於此種職位。目前高等教育體系中的社

會工作學科，正是著重培養適合從事非營利組織專業人才的領域。社工領域的學生在求學的過程中都接受到非營利工作的意義與重要性，也較能認同不以營利為主要目的之人生志向，對於較低待遇的非營利性專業工作也都較能接受並做得安穩。

### ◆志工人力

志工常是作義務性的服務，不求酬報或能接受較微薄的酬報者。此種人力非常可貴，卻得來不易，非營利組織或團體，必要努力去徵求與培養。因為志工也要使生活能過得去，因此可不必憂慮生活的族群，是志工的重要來源。退休有點積蓄的人，或家中另有生產者的人，都是重要的志工來源。

願意擔任志工的人也常要具有一些人格特質，即是能熱愛社區，也願幫助他人。非營利組織在徵求志工人力時，也應特別注意合乎此種條件的人。對有意願當志工卻較欠缺能力的人，常需要經由培養與訓練其工作能力。對有能力但較欠缺擔任志工意願的人，卻要培養其工作意願。

## (二)資源籌措

非營利組織資源的籌措有四種重要來源，可供為經營者尋求的方向。

### ◆募捐與接受主動捐助

非營利組織的資源最多是由募捐或接受主動捐助得來。重要的捐助者有：曾經是受益者、善心人士或企業界。

### ◆成立基金會

基金會的成立者可能是團體或私人，但都是具有相當的財力者。

◆向政府申請協助

　　政府機關常編列部分預算，贊助相關的組織團體，協助推動相關事務。惟政府在考慮贊助時，並非有求必應，常要考慮申請方案的目標與內容是否符合政府的意圖與審查者的喜好，也要視申請組織是否健全，信譽是否良好而定。

◆受益者付費

　　非營利組織在行使業務時，並非完全不收費，對受益者有時也要收費，但收費並非為圖謀利潤，主要是為能維持成本費用。對付不起費用的受益者，可能不收費。

## 八、行銷策略

　　非營利組織為了能展開業務，維持組織的生存，也要運用行銷的方法與策略。惟其重要策略與營利組織所運用者會有不同。重要的方法與策略如下：

### (一)以社會行銷為理論基礎

　　所謂社會行銷理論是指關切社會的行銷觀念，不是像商業強調以消費者顧客為行銷對象，而是考慮整個社會的需要。注意社會的公平正義，特別重視非營利組織與社會中的弱勢者、公共部門及志願組織等的關係。

### (二)掌握社會脈動與趨勢

　　社會情勢不斷地變動，隨時會有新問題發生，會有新的救助需要，因此要有新目標的非營利組織與團體為之應對。非營利組織也要

經常適應社會，調整工作的目標、內容與方法。

## (三)符合社會規範

任何組織都不能脫離社會規範，非營利組織的目標在營造社會的公益，更不可違背社會規範，否則必然有損公益，乃失去其基本意義與精神。

## (四)結合社會資源

非營利組織是取自社會用於社會的組織，其資源主要得自社會各界的捐助。為能有效獲得資源，必須廣結善緣，匯集社會中零散的資源，作有規劃有效率的運用，使其能造福社會及改善人民生活的效果。

## (五)運用媒體宣導

非營利組織的崇高理想及實際功德與績效，先要使社會大眾認識與瞭解，才會有回響。經媒體的宣導是當代各種團體與社會大眾接觸、交流與溝通的最有效管道與方法之一。惟在宣導時，不可過甚其詞，以致失去真實，否則就與說謊和詐騙無異，會對非營利組織的高貴與尊嚴有所折損。

## (六)良好的社會形象

非營利組織依賴社會的支持與贊助，而得以運轉與生存，非常必要具備良好的社會形象。良好社會形象的建立則有賴其良好的功德及服人的事蹟。平時一步一腳印，一點一滴的業績，都是建立良好社會形象的重要基石。宣揚只是一種配合的行動過程，而不是絕對有效的萬靈丹。

## (七)獲得受助者的滿意

非營利組織的終極目標是造福受助者，要使受助者能感到滿意，才能算得上有具體的成效。此種道理與營利組織以能獲得消費者滿意為目標的道理甚為相近。

## (八)具有創新競爭力

非營利組織以能和其他非營利組織相互合作為貴。但同類組織難免爭用有限資源。營利組織對資源的爭取與競用更是積極尖銳。因此非營利組織必須具有經由創新提升競爭力以爭取社會支持，競用有限資源的警覺與能力。

## (九)內部管理良好

與其他任何組織與團體相同，要能有良好績效及良好形象，內部一定要做好管理。將有關績效管理的重要方法，再扼要敘說於下節。

# 九、績效管理

## (一)評估績效

績效管理不能缺乏績效評估的過程與方法，此項工作可由三方面的人主持：一是自評，重在自我檢討；二是由學者專家評估，重在公正與專業；三是由主管機關評估，重在監督與考績。

## (二)評估重點

評估的要點分為以下兩部分：

1. 效能評估：重點在於評估是否完成使命；服務種類、數量與品質是否充實良好；參與人數與收穫的多寡；被服務者的滿意度及其他指標指數的高低等。
2. 效率評估：主要計算生產力、單位成本以及成本效益的比例（或簡稱本益比）。

## (三)績效報告

績效要經提出與呈現，才能使外界認識與瞭解。重要的績效報告內容，包含以下三要點：

1. 要有呈現成效的事實與說明。
2. 要有呈現效率的數字與說明。
3. 有文字與口頭的補充。

# 第九章

# 半營利性社區服務方法與技巧：以養老福利服務為例

- 依法設立機構
- 慎選地點
- 合適的空間
- 良好的環境
- 適當投資
- 合理收費
- 人道管理
- 安全設施
- 安康活動
- 醫療支援
- 健康器材與措施
- 其他有效的經營與管理

當代存在於家庭外社區內的養老服務非常普遍，此種服務也以半營利的方式出現，一來具有很高的服務意義，幫助家庭與社區解決許多問題。二來私立的經營者也有以獲得實質的經濟利益為目標者，但額度也很有限。第三也有非營利公益性質濃厚的公設機構。私立的機構也得到政府高度的關切、幫助與監督。本書將之界定位為半營利性的服務。本章就其經營與服務方法與技巧分項加以說明。

# 一、依法設立機構

社區養老服務的最普遍方式是設立養老機構，可用多種不同名稱，包括養老院、安養中心、養護中心、敬老院、老人公寓、安老院、老人院、護老院、護理之家、關懷中心、療養院、護理安老院、老人宿舍、長者住宅等。各種不同名稱界定服務內容與市場定位。但不論名稱為何，都要合法化，合法的條件或形式則有下列要點。

## (一)取得合法執照

以設立養老機構的方式對外服務並收費，必須先要取得合法的執照，由地方縣市政府核發，向中央主管機關報備。政府核發執照要求下列重要資料：

1. 設立計畫書：含服務項目、收費標準、服務契約、人員編制、年度預算書及預定開業日期。
2. 建築物位置圖及概況：含建築物使用執照、無妨礙都市計畫證明、建築物各樓層平面圖，並附隔間面積及其用途說明。
3. 產權證明文件：含土地及建物登記簿謄本。
4. 如土地或建物所有權非為老人福利機構所有者，應檢附五年以上之租約或使用同意書，並應經法院公證。檢附使用同意書

者，並應辦理相同期限之地上權設定登記。

5.應檢附投保公共意外責任契約影本。

6.履行營運之擔保證明資料影本。

7.申請書。

申請者提出上列資料，經審查可能獲准或未准。若是未准，常需要再補充或變更資料。過去有不少機構在尚未正式獲准之前，迫不及待以違規方式營業。

## (二)依法設置

如前列各項申請要件，安養服務機構於正式營業之前必須按照規定設置人力與設施。重要的人力含社工員、護士、醫生、助理員及義工等。人數配合服務規模而定。

老人福利服務機構設施的規定，主要含下列項目：

1.建築物之設計、構造與設備，應符合建築法及相關法令規定。

2.消防安全設備、防火管理、防焰物品等消防安全事項，應符合消防法及相關法令規定。

3.飲用水供應充足，並應符合飲用水水質標準。

4.應維持環境整潔與衛生，並應有妨害衛生之病媒及孳生源防治之適當措施。

5.其他法令有規定者，依該法令規定辦理。

長期性照護與安養機構，除前列各項規定外，對寢室、護理站、衛浴設備、照顧區、餐廳、走道、樓梯、平台、廚房、被褥、床單、存放櫃、輪椅等設施都另有規定與要求。

### (三)合法運作要點

福利性與營利性的養老機構在運作時會有差別，但都要合法進行，運作的細節很繁複，於此提出若干要點，供爲工作者及學習者參考。

1. 收容對象要合法：福利性越高的安養機構，對收容的對象越嚴格，因政府的補助性福利分擔越多之故。服務機構要依法作業，目的在避免圖利顧客，也爲維護可貴的資源。
2. 設施與福利服務要合法：重要設施應依規定提供，不可偷工減料，以免危及安養人的安全與權利。福利服務事項也要能依規定提供，重要項目含伙食、醫護衛生等。
3. 收費標準合法：養老機關的經營者也常會因物價上漲，入不敷出爲由，調高收費標準，但允許的範圍與幅度不能超出法定標準。

### (四)克盡職責

合法的養老福利服務機構，設施與服務都有明確的法律規定。經營者要能做到合法經營與服務，則必須依照各項規定克盡職責，不可偷工減料，馬虎塞責，以致危及老人的福利及安養制度的信譽及功能。

## 二、慎選地點

安養機關設置地點良好與否，不僅關係其經營的難易與成敗，也關係老人福利權益的大小。較營利性的老人安養機構，對於設置地點的考慮常以競爭優勢爲原則。較福利服務性的老人安養機構，對於設置地點的考慮，則較常以顧及適合與方便老人及其家人爲原則。兩種

考慮都有其重要性，能兼備是最理想，否則應依機關的屬性作較適當的選擇。實際上，兩者地點的一致性也很高。兼顧經營上的有利性及對被服務者的方便性，則合適的地點應顧慮如下的重要條件：

## (一)距離被服務的老人住家不遠

最好是在社區內，或社區附近，此種地點方便老人的家人可常去探望，可以減除老人的孤單，撫平其思念家人之苦。

## (二)交通方便

養老機關所在地交通方便，有利家屬的探訪。方便的交通條件包括適當的道路及交通工具，如大眾交通系統。

## (三)方便與相關照護機關聯繫

與老人安養機構較有密切關係的相關照護機關以醫療機關最為重要，此外，休閒活動機關、護理機關也都很重要。安養機關設置地點若能與這些關係密切、需要常有往來的機關相距不遠，便可較為方便。

## (四)避免與同類機構激烈競爭

養老機構座落地點附近若有太密集的同類機構，必會發生激烈競爭，經營的困難度會較高，包括取得服務對象得之不易，競價收費，服務水準也需要提高，但獲得利潤的維持會較有困難。以能儘量避免為宜。

## 三、合適的空間

### (一)大小適宜

養老機構的適當空間標準有兩項重要依據：其一是合乎法律規定的人數與樓地板面積的比例；其二是適當的經營規模，亦即是經營者能適當掌控的服務人數。第一項標準，對任何養老機構都相同。依照我國內政部規定，老人福利機構設立標準，平均每收容一位老人，要有七坪的寢室樓地板面積。至於第二項標準則依經營目標與經營管理能力不同而有差別，目標大能力強，其設施空間可以較大。但依目前規定，長期照顧機構或安養機構收容規模在五十人以上，二百人以下，但在民國96年以前設立者不在此限。否則，如果經營目標較小，經營能力也較差，則其合適空間需較小。

### (二)安全

合適的另一空間條件要能安全。安全性的空間包括要有出入消防巷道，高處要有升降梯等。

### (三)浴廁清潔衛生

依照政府的規定，老人安養機關每照顧十六人，應設男廁所一間，女廁所兩間。衛浴設備應有適當的隔間及門簾。

### (四)餐廳、廚房、走道、平台、樓梯等空間設施適當

安養機構要配合建築形態，要有上列各種設施，且要有適當的空間，並保持清潔衛生。

## 四、良好的環境

養老機構的設立除了前面指出要有合適地點及空間的條件，良好的環境條件也甚爲重要。所謂良好的環境並非要求豪華優質，但至少要顧及下列四點：

### (一)安靜

年老之人居住在安養機構，至少要能寧靜安眠，因此環境安靜相當重要，不宜喧吵熱鬧，影響老人休息與安眠。此種環境在鄉村地區不難取得，但在都市地區則較爲不易。經營者要用良心也要費心，不宜勉強設立營運。

### (二)清潔衛生

爲能保持養老機構內外的衛生，機構中必須使用足夠的人力打掃清洗與整理，包括護理人員及清理工人等。清潔衛生不良，有礙老人健康，也傷害其人權。

### (三)舒適

老人安養機構通風空調設備要良好，使老人居住起來能夠感覺舒適。不因通風不良，熬熱難耐，或寒冷難當，以致容易生病。

### (四)鄰居友善

養老機構的鄰居要能友善，不可對老人有歧視或故意騷擾的行爲，以免使老人內心苦惱。同機構內的老人若有敵對仇視的情形，經營者或管理人員也應給予適當的協調與處理。

# 五、適當投資

有意投入經營老人安養機構的人，必定要面臨投資策略與方法的選擇與管理問題。此種投資事業重點在對人的服務，與對物的製造加工的投資，甚爲不同。其適當投資要點有三項，茲說明如下：

## (一)量力而爲

衡量本身的力量，依照力量行事，這是投資者首先要認識清楚也必須遵守的原則。本身的投資力量包括三方面，即財力、人力與物力。其中常因財力決定人力與物力。財力雄厚可考慮經營較大規模，較高層級，也較傾向企業營利的安養機構，收容的老人都較富有者。近來見有大財團設立規模不小的養生村，或醫療休閒事業，都屬於此種類型。但有更多規模較小的老人安養機構，經營者所投入的財力相對較少，以較小本經營的方式，走向較接近福利服務的型態，收容的老人都較屬中下階層者。此類安養機構常要配合政府社會行政部門的要求，接受其救濟或補助的對象。

一般企業營利性的養老機構所投入的資金都較不會偷工減料，但收費常會偏高。小型養老機構則因資金都較短缺，經營者常會在投入人力與設備方面打折扣，致使其服務水準會有欠佳的問題。

## (二)該有的設施不缺

較小型的安養機構，特別要注意做到該有的設施不缺的水準。重要的設施包含床具、被褥、衛浴、空調、醫護、交通、康樂等該有的都應有，不可偷工減料，折扣老人的福利。

## (三)充實工作人力

政府對於養老機構該有的人力種類與數量都有明確的規定，養老機構卻可能爲節省成本而有減少或缺乏的情形，以致因爲人力的欠缺，致使服務品質變差，影響被服務老人的權益。較小型的老人安養機構最可能缺乏醫護及社會工作人員。爲能妥善經營，有必要充實聘僱。

# 六、合理收費

大多數老人安養機構經營來源都是向寄養老人的家人收費得來。不同的機構收費高低會有差異。一般商品的市場價格都由供需決定，老人安養服務的收費標準大致也雷同。惟有不少貧窮家庭付費常感吃力，很寄望收費標準能儘量放低，但經營者卻也要維持成本，才能永續經營，故收費標準以能合理爲準則。但合理標準爲何？如下三點便是：

## (一)不高不低

收費水準若能使老人家屬感到不高不貴，養老機關方面感到不低，尚可，大致可說還算合理。此種水準有必要與一般的物價水準與工資水準相對調整。目前較平價的養老機構收費以每個月二萬餘元者最爲常見，但較大型高檔的機構收費，有高到每個月五至六萬元者。

貧窮無助的寄養老人，有可向政府社會行政單位申請補助的管道，但門檻不低，程序也不簡單，需要補助者卻被拒於門外也不無可能。必要機構中的社工人員多費點時間與精神，協助其獲得補助，度過難關。

## (二)消費者不難支付

收費高低與消費者或寄養者付費的難易形成高度的相關性。收費越高，支付會越困難，反之，收費低，付費就較容易。收費高低與機構方面提供的服務條件與水準也有高度相關性。服務越周全越良好者，收費通常也較高，否則收費標準可降低。

收費高低除了會影響服務水準與品質外，也會影響顧客滿意度，乃至主客雙方的關係。價格低廉服務美好必然較能為顧客滿意。反之，收費高，服務欠佳，更容易引起老人家屬的顧客不滿，也較容易引起糾紛。

一般的受薪家庭，若要支付安養費用，都感到相當程度的負擔與壓力，低工資家庭更會感到負擔不起，故當機構要訂立收費標準，或當計畫要提高收費標準時，都必須顧慮使寄養老人的家屬能不難支付為原則。

## (三)機構足以維護經營與生存

從老人安養服務機構方面著想，以能維護經營及生存為原則。由於安養機構的性質特殊，直接關係對無助老人的服務，本質上具有很高度的人道行為，故經營者不能存有像一般企業可發大筆財富的幻想。對營利的期望水準有必要減半，故也稱為半營利性的服務。

安養機構面對服務經營的必要性與維持生存的必要性並存的情勢。當收費來源有瓶頸與困難時，有必要努力爭取社會上其他慈善機構及政府社會福利行政機關的支援，使能度過難關，維護生存。

# 七、人道管理

　　一般企業機構的管理都很講究營利績效管理原則，養老機構的管理則應特別強調人道的管理。因為服務對象是人，且是上了年紀又乏力自助的老人。如何做到人道管理，以下五點是重要者：

## (一)善待生活起居

　　受到長期照護的老人，不少在生活起居方面都不能自理，必須依賴照護機構工作人員的幫助，工作人員必須要有耐心與愛心，服務其進食、穿衣、如廁等生活起居行動，才能平安度日。事實上，曾有安養機構的工作人員，對待照護老人會有不耐煩、不友善的舉動，偏離愛心與人道，很必要有所警惕與改善。

## (二)不加以傷害

　　不夠小心的照護，很容易對受照護的老人造成傷害。傷害有兩種，包括身體上的傷害及心理上的傷害。前者可能由安全設施不全或不當，以及清理照護動作粗糙所造成；後者則容易因出言不遜所造成。造成的原因與情境很多種，包括有意與無意的。照護機構上上下下的工作人員都要能小心謹慎，才可將傷害減到最低。

## (三)尊重被照護者，保護其尊嚴

　　尊嚴是人的第二生命，都為人人所愛惜，卻也很容易受到別人的刺傷，脆弱的老人尤其不堪一擊。不當的言語與動作，都很容易損其尊嚴，傷其身心。安養機構的工作者需要有足夠的修養，顧及老人尊嚴。管理者本人要能以身作則，對聘僱的員工更要加以訓練與勉勵，

實行人道，尊重接受照護的老人。

## (四)公平原則，不予歧視

一個養老機構中，被收容者多數為老人，其中家庭背景不同，其家人與工作者互動方式不同，老人的品質也不同，照護工作者心中對不同的長者難免會產生偏愛或歧視，卻不可輕易表露於形。否則容易造成明顯的歧視，成為機構的重大缺失，難為受歧視者所認同，也難獲社會所見諒，容易被劃上不人道的汙點，影響其聲望與信譽。

## (五)忠實誠信，保護隱私

長期受託於安養機構的老人，每日二十四小時都生活在安養機構中，很難掩飾不當的言語行為，暴露不宜公開的隱私，包括其本人或相關他人的隱私。機構中的工作人員得知這些隱私，應能善為信守祕密，不使外露，否則會使其難以做人。

# 八、安全設施

本章在前述合適的空間部分已提到「安全」此一要點，但僅點到為止。在此對養老機關的安全設施再作些補充與說明。

## (一)通路

機構內外通路設施都關係受照護老人安全甚鉅。機構內部的通路要有足夠的寬度，不亂置障礙物，或容易滑倒割傷的不當物體。機構外部的通路更要有足夠的寬度，方便救護及消防車輛的進出，才能有利安全措施。

## (二)門戶

安養機構的門戶要有安全設置，以防宵小進入，驚嚇或危及到安養的老人和機構的安全。除了有安全的設置，也要有清楚的招牌門號設置，方便外界識別，並作適當的互動與往來。

## (三)警衛

老人安養機構沒有值錢財物，但人命的安全則甚為值錢，故也應有適當的警衛設施，也許不必像各重要公司行號，特別設置武裝的警衛，但內部工作人員卻要有人特別擔負警衛的工作任務，注意與保護機構與老人的安全，包括經常檢查安全設施，以及處理安全事件。

## (四)消防

各種住家要能安全，都必須要有適當的消防設備與防患措施，包括置放滅火器、救生用具，以及窗戶的設置與安全性。各種消防安全設施的重要目的是在防止意外的傷亡。

## (五)救護

安養的老人多半是身衰體弱之人，健康上隨時都會出問題，很必要救護。安養機構的救護措施分成兩種層次：一種是在內部急救，故要有醫護設施與人員；另一種是快速送到醫院救護，此種救護需要救護車的運送。安養機構可自設，或要與醫院及公家救護機構有良好的聯繫。

## 九、安康活動

老人安養機構能設有安康活動，對於安養老人的健康與生活樂趣會有很大的鼓舞作用。要能有充足與適當的安康活動，必須注意下列重要的工作方法：

### (一)充實設備

充實安康設備是使安養老人能有安康活動的先決條件。重要的設備包括場所與用具。有規模的養老機構常設有一處康樂室，供安養的老人可從事康樂活動的去處。

康樂室中要有適當的設備，視老人的興趣與體力而設。重要者常設有閱讀報紙雜誌的場所、棋盤棋子、乒乓球檯及電視機等。

### (二)能者帶動

團體性的康樂活動常要有能者帶動，才能熱絡起來，帶動的能者可以是安養的老人，也可由機構方面的人領導帶動。帶領團體性的康樂活動可以定時舉辦，方便想參加者能有所預期。

### (三)安排節目

康樂活動可以由個人單獨行動，也可以由集體同時進行。為了能吸引參加者的興趣，安排有趣合適的節目非常重要。缺乏有趣的節目，集體性的康樂活動很難施展，空有設施，卻無實效。

### (四)促進參與

前面三種方法都能促進安養老人的參與，除了這些，有效促進參

與的方法是個別鼓勵與催促。一種能有實質的獎勵辦法是趣味抽獎。請同伴互邀，也是有效的促進辦法，都值得安養機構使用。

## 十、醫療支援

寄居在安養機構的老人多半是體力衰弱且多病者，常有醫療的需求。故安養機構必須有醫療的支援，支援的重要方法與途徑有下列三種：

### (一)機構內設立醫療與護理服務

安養機構可由設立常駐的醫療與護理人員及設備，也可由外部醫療及護理人員定期前來診治老人的疾病。前種方法成本必然較爲昂貴，但老人可以得到較周全的醫療照護。

### (二)連結醫療機構

此種方法是安養機構與附近的醫療機構訂立合作契約，安養機構中的老人一旦罹患疾病或需要長期復健者，都能與合作醫院聯繫，將老人病患送到合作醫院治療與護理。

### (三)準備經費

安養機構爲了能使寄居老人方便獲得醫療支援，有必要準備一筆醫療經費。此項經費可從向寄養老人家屬收費中，預留一部分，作爲專款專用，或向政府申請專款補助，以及從民間募款得來。

## 十一、健康器材與措施

為了能充分照護安養老人的健康,在機構中有必要設置下列三項有助健康的器材及相關措施。

### (一)救護器材與措施

針對救護有病在身或突發疾病的老人,需要有救護器材的設置,並能實際展開救護措施。安養機構很難像綜合醫院一般,各種救護設施都能齊全,但至少應有若干急救的設備,且有能力進行急救的措施。

### (二)復健器材與措施

許多罹患長期疾病的老人,住在安養機構期間有必要進行復健工作。復健工作常要借助復健器材,並要有人指導使用,或幫助老人操作與實踐復健的行動。

### (三)運動器材與措施

健康情況尚佳的老人或許沒必要用到救護或復健器材與措施。但若能備有適當的運動器材,並能輔導老人或由老人自動使用運動器材,必能有助老人的健康。適合老人使用的運動器材以較輕便、使用起來也不須太費氣力者為是。打乒乓球或打槌球是合適的運動措施,其必須具備的器材也都不是很昂貴或很粗重者。

## 十二、其他有效的經營與管理

半營利性的養老服務機構要能經營順利成功，尚有其他若干有效的經營與管理方法與技巧，例如：

### (一)正確的理念

理念是行動的依據，養老服務機構要能有效經營與管理，必須依照正確的經營與管理理念。一般企業的基本理念是以營利為主要目的。養老服務機構的基本理念是以福利服務為主，將營利放在次要。經營與管理者應能正確拿捏此種半營利的基本理念，才能使養老服務機構既能永續長存，卻又不致於變質。

### (二)愼密的規劃

經營管理行動之前必須先有規劃，經營管理規劃要能愼密，經營管理行動才能完善。台灣養老服務機構發展之初，不少經營管理者急於實際營運組織服務，規劃甚不愼密，不完整，故有不少在未能符合法定要求時，或在不合法或未取得執照之前，就開始招收顧客，很不恰當。

### (三)健全團隊

一個養老服務機構需要包含多種功能與角色的人員，構成一個工作團隊，重要的角色除了經營者與管理者外，尚須包含醫護人員、社工人員及清理人員或助理。角色缺乏不足，人力就不健全，服務品質也一定未能周延圓滿。故期望養老服務機構為能盡好功能與職責，也必須顧及健全團隊。不僅人員要齊全，工作態度與行為也要能符合要求。

## (四)有效利用資源

有效利用資源是任何事業經營成功的要件，主要是在不使資源造成浪費，充分發揮效用與功能。養老服務事業雖非完全企業性，但對資源的利用仍要注意有效性，否則會因未能有效利用，而難以使事業經營成功。

## (五)負責

老人家屬將老人交由養老機構照護，養老機構乃承受了照護人命及其基本權利的重責大任。服務機構既要開辦經營，就要負起重大責任，妥善照護老人。不可有怠職疏失的行為，三餐供應及衛生照護尤其要能正常，不可偷工減料，以致造成受顧老人損傷健康與安全。

## (六)妥善控制

多半的養老服務機構所用人力都為外來的聘僱人員，不是所有的工作人員都有良好的工作道德與倫理，也非每個工作人員都有完美的工作能力。機構的經營管理者，對於工作人員的工作態度與行為，必須加以留意，妥善管理控制不使有差錯，以致危及受顧老人的權益，也不損及機構的信譽與成效。

# 第四篇

社區內團體工作
方法與技巧

團體工作是一種重要的社會工作方法與技巧，也是一種重要的社區工作方法與技巧。團體具有組織的性質，因此社區內的團體工作方法與技巧也可視為團體的組織性工作方法與技巧。此種工作方法與技巧的過程與細節包括許多的方面，本書選擇數項較為重要者，分章加以說明，供社區工作者及其學習者認識，使能增進工作的能力。

# 第十章

# 驅動團體的互動與溝通

■ 組成團體
■ 啟動互動過程
■ 借助合適的互動媒介與工具
■ 打開溝通管道
■ 穩固互動模式
■ 建立溝通網絡
■ 形成適當副團體
■ 整合衝突意見與派系
■ 凝聚團體的結合力
■ 發揮團體功能

團體組織對於社區工作要有作用必須有所動作，動作則由團體中的份子之間或團體與其他團體產生互動與溝通開始，也是此種工作方法與技巧的起步。本章就其重要情節依序加以說明。

# 一、組成團體

負工作職責與任務的團體最先要經過組設成立。細心的組成過程常要經過一段籌備期。組成團體一般都少不了如下四項重要方法與過程：

## (一)宣示目標

有些非正式的團體在形成的前後目標可能並不明顯，經過頻繁密切的互動，而自然形成。但多半正式性的團體，在組成之前，常必須有較明確的目標或使命，以此目標爭取較多人的認同，才能被人接受並參與。

爲社區工作的團體目標，大致有兩大類：一類是促進社區發展；另一類爲社區創造福利與服務。社區內的團體組織目標也還有其他者，如爲滿足團體份子的興趣與需要，但這些目標對社區工作的意義與功能不大。

## (二)招募與選擇團體成員

爲社區利益或好處而工作的團體要能成立，也必須經過招募與選擇成員的過程或方法。團體組織是由多數人所形成的，加入的人數越多，力量可能越大。不論是小或大的團體，其成員都不是立刻同時到位，常是經由發起人經過招募或徵詢得來。當有意加入的人超過預期時，或爲了避免招募到不當的份子，反而敗壞團體名譽，對於有意願

加入團體組織者，還常要經過選擇。招募與選擇社區工作團體成員，主要的條件不外要有能力以及工作的熱誠。

## (三)聚合成員

有意加入社區工作團體的成員雖然多半居住與生活在社區中，碰面或許不很困難，但也不無人在外地或工作忙碌者，見面不易，需要經過聚合的方法與過程，才能使團體正式成立。這種方法或過程，不外從發函通知、定時開會等方法著手。聚合之時，所有成員會集一起，群體便告形成，再作登記認證儀式，便可成立正式的團體組織。

## (四)制定與宣示規則

一個正式工作團體必須明定規則，故少不了要使用適當方法制定與宣示規則的程序。這些規則常被改成團體守則，或組織規程，主要內容包括目標、成員角色與任務及獎懲辦法等。

# 二、啓動互動過程

要使團體組織的成員成爲一體，必先要使其互動，也有必要以團體組織之名與外界互動。促成互動的重要方法與程序有如下五項：

## (一)介紹互相認識

團體的成員要能互動，團體工作才能運行，功能才能發揮。而成員之間要能有正常的互動，必先要相互認識。社區中的人可能彼此原已互相認識，若互不相識，經人介紹後可使彼此間有更多更清楚的認識。介紹團體成員互相認識的職責常落在領導人身上，也可讓每個成員自我介紹，或由最認識的友人予以介紹。但介紹一個初次與大家見

面的人，應注意要給人留點面子，不能挖人瘡疤，令人尷尬。

## (二)分派角色與任務

要啟動團體有用的互動，最重要的一項過程是分派角色與任務。此種工作也應由領導者或工作方案的規劃者主持。分派角色與任務要能公正無私，依照適才適人及分工合作的原則進行，使每個被分派的角色都能感到滿意，也能心服口服。如果分派不當，很可能引發有人不滿，會破壞團體的凝聚與團結。

一個團體內角色的數量與關係結構，視團體大小及目標與功能性質不同而定。一般規模較大、目標與功能較複雜的團體，其角色位置與種類也較多，關係也較複雜。對越複雜關係的角色安排與分派，更須費心仔細，以免產生糾結不清或互相阻礙的情形。

角色與任務之間的重要關係，有兩大基本脈絡：一種是上下垂直之間的主從關係，下層聽上層的指揮與輔導，上層則給下層適當的分派與交代；另一種是左右平階之間的聯繫與支援。能將上下左右角色與任務分派得當，團體工作運作起來便能平順。

## (三)開會討論

開會討論是一種可以會集團體多數人在一起互動的重要方法與技巧。通常團體開會所討論的事項都是較正式、也較迫切需要溝通與處理的事項。會議中出席或參加的人員可面對面表示對討論事件的看法與意見，別人也可當場立即回應。這是一種立即性多方向互動的方式。通常於討論後，即可作出決定，將訊息當場傳送給出席者。團體也可依開會的結論作進一步的行動。

參加會議討論的人，可以是團體所有的份子，也可能是由所有份子推出或團體指定的代表。若是全部份子參加的會議，全體份子的

互動是直接的，若由推出的代表參加的會議，則團體份子的互動是間接的。不論是直接或間接互動的開會與討論，都有助於全部團體成員取得共識，並傳遞訊息。對於推動團體事務、解決團體問題的作用極大，故也常被團體所採用。

## (四)維持互動的興趣與需要

　　維持團體份子之間的互動是可使組織活化的必要作為。要使團體活動能長久維持，則必須能有維持互動的興趣與需要。重要的方法或技巧是，要能適當提供活動的機會，包括適當的活動場合與時間，並能獲得切合與會者滿意的結果。切忌在活動場合有壟斷或扭曲互動的舉動，致使有人不滿，而挫傷團體成員互動的興趣。

　　在正式的互動過程中（如會議），需要附加一些可以提升與會者趣味或精神滿足的技巧，如提供禮品、出席費用或餐飲點心等，也是很普遍有效的技巧與方法。每個參與互動的成員或份子，其言行舉止，表現風度與風趣，也常是能維持他人願意持續與之互動的魅力與技巧。

## (五)圓融的互動環節

　　團體互動包含許多環節，如成員與成員平行互動環節、上司與下屬垂直互動環節、內團體份子私密互動環節，與外團體較尖銳的互動環節等。每一互動環節都關係團體的運作成效與功能。各種互動環節要能圓融才能溝通，就如運轉機械的螺絲與接頭都要能沾油滑潤，才不會容易生鏽卡住。

　　要能使團體互動環節圓融，各團體份子都有職責，不可太以一己之私，過分堅持己見。也要能尊重他人的意見表達。啟動互動的領導者，更要像是機器的操作員，隨時都要檢視機器的環節，提供必要的

潤滑劑。

# 三、借助合適的互動媒介與工具

有效的互動，不僅可由面對面的方式進行，也可經由媒介與工具的幫助進行。如下說明爲何需要運用媒介與工具互動，有何有效媒介與工具，以及如何運用等課題。

## (一)用於面對面直接互動困難之時

當面對面的直接互動有困難之時，是必要也是最佳借助媒介及工具互動之時。社區內的團體份子之間或團體與團體之間，面對面互動會有困難的情況，可能是互動的時間不當，或面對面互動進行不易。前者如會議時間與農忙時間衝突的情況；後者則如團體中有人相互敵對，面對面時難以冷靜溝通互動。或對於面對面的溝通互動覺得無趣，若勉強互動，其結果也不會良好。

## (二)可用多種媒介與工具

有助於互動的媒介與工具有許多種，常見的有代理人、媒體、肢體動作、語言、文字、圖畫、音樂及工藝等。代理人可替代無法出席者與團體中其他人面對面會議；媒體則可傳遞互動者雙方，都可接受公正的言論，導向有助的正面溝通；肢體動作、語言與文字都是可清晰準確表達個人互動真意的媒介與工具；圖畫、音樂與工藝都能爲社會互動助興，緩和緊張或感動人心，致使互動能更圓滿達成。

## (三)開闢回饋互動管道

人際或社會互動必須是雙方對流，才會公平，也才會暢順。但許

多社會互動卻是單向的，或較偏向對等流動的情形，形成有人埋怨與不滿。故有必要開闢回饋的管道，使能雙向都流通，充分表達心意，互動的效果才會良好。

# 四、打開溝通管道

團體內外溝通互動，會有阻塞不暢的可能性，有必要將之打開，否則會危及團體的凝聚與一致性。針對打開溝通管道，有下列三大要點，需要留意與專注應對。

## (一)針對互動困難者

打開溝通管道的重要目標，在於互動溝通困難者，包括其有意或無意造成困難的情形。有意造成困難是存心不與人互動或溝通，或在與人互動溝通時不安好心，刻意刁難阻擾。無意造成困難的情形則是，因為身體或能力上的缺陷，無法與人正常互動與溝通，或因誤會而造成互動與溝通上的障礙。不論原因如何，團體遇有互動或溝通障礙與困難時，都必須打開管道，設法克服與解決。

## (二)耐心進行溝通

遇到有人難以溝通時，打開僵局的基本方法之一是，我方要能耐心繼續進行。耐心並不是保持原狀，而是持續試圖改用多種方法、工具或媒介，不斷接觸叩關，期望對方軟化、轉意及接受互動與溝通。

然而人在等待與對方進行溝通時，當看對方不理不睬，或未能善意回應時，會很容易失去耐心，以致失控，進而採取壓迫對方的手段，強使對方就範。此種方法絕不可取，等待與人溝通者都必須引以為戒，否則會陷入不義，甚至違法的險境，很不足取。

### (三)請出適當第三者穿針引線，調解與仲裁

當團體內或社區中雙方人馬或個別溝通不成而形成僵局時，有必要請出適當的第三者來調解仲裁，打開管道。適當的第三者必須是雙方都能信服之人，也是必須具備足夠的調解仲裁能力之人。此外，也必須具有服務的熱忱及公正的德性。如果雙方未能溝通只是因為缺少媒介，則第三者只需扮演引線者的角色，如同介紹人或媒人，製造雙方見面認識的機會，使其自行互動。如果雙方未互動溝通，因有矛盾或衝突的癥結，則第三者便要扮演破解矛盾與衝突角色的仲裁者與調解者。

扮演調解與仲裁的第三者，可能是社區中的長老、領袖或民意代表等，也可能是政府衙門機關的官職人員，包括維持治安與秩序的警政人員或法界官員等。由公職人員出面調解仲裁，常是因為存有較嚴重的溝通糾結與衝突時。調解仲裁工作也常依法辦事，較少顧及人情。

## 五、穩固互動模式

要能驅動團體活動，進而能展開有益的工作，則於啟動互動過程後，要能穩固良好的互動模式。穩固的方法與途徑有三要項：

### (一)持續有效的順利互動方式與過程

互動的方式有許多種，有者有效順利，有者無效也困難。需要穩固的互動模式是有效順利的方式，製造機會，使其繼續進行。持續重複進行多次之後，模式便可穩固下來。例行會議的互動便是一種穩固有效的互動模式。男女之間重複的約會，也是一種穩固的模式，如果

雙方經驗到約會時一起散步、聊天、看電影或看球賽最感愉快，便可將這些方法或情景一再重複，並穩定下來，就可能成為穩固的互動模式。

### (二)設定維持互動模式的規範

正式的行為模式，都常設立規範，作為工具。有效的互動，若能設有約制的規範，互動模式便可能容易樹立。重要的規範內容，即是要求雙方都要遵守的約定，違者要受到懲罰，遵守者也能受到對方的肯定。

有些團體可能較傾向採用正面的鼓勵性規範，例如球隊的比賽活動常用獎杯、獎牌或獎金以資鼓勵。但另些團體則較傾向採用負面的懲罰性規範，例如黑道團體常用流血的規矩或手段來懲罰叛逆者。但多半的團體都將獎懲辦法一併使用。

### (三)引進有助穩固互動的方法與技巧

有助穩固互動的方法與技巧很多，每個團體都有必要不斷學習引進，才能有更充實的方法與技巧可用，也才能更有效穩固內外部的互動。引進穩固互動的方法與技巧的來源，無非是以古今中外其他團體組織內的人際互動作為範例。可從觀摩或打聽、觀察與閱讀學習的過程而得知良好的方法與技巧，並加以引進效法。

## 六、建立溝通網絡

組織內外的溝通管道，不僅限於單線雙向，更可發展成多線雙向的網絡關係。網絡線路越密集越多條，互動又越頻繁，溝通也越密切，則凝聚的力量就會越大。但溝通網絡必須建立成良好有用的狀

況，對團體組織及其包含的個人才有好處。如果網絡毫無秩序胡亂構築，則不但沒有助益，反而會使團體亂成一團，毫無建設性的功效。如何建立正確有用的溝通網絡，可依下列各要領或技術進行：

## (一)為解決共同問題而建立

團體組織常有共同性問題需要解決，且解決共同性問題，也常要能順勢解決個人問題，才能展現團體組織的意義與必要性。為解決共同性問題而建立的溝通網絡，必須要有秩序可循，不容任意行使。否則會搞亂秩序，也會妨害團體解決問題與達成共同目標的能力。

## (二)建立合適架構

團體組織的溝通網絡要能正確順利通行，必先要建立合適的架構，不必過度架設，但該有的通路都要有，每一條通路也都要有必要性，且不可有阻塞情形。團體網絡架構常要以能達成團體目標為設計的原則與基準。

## (三)善用電子網絡技巧

當前電子網絡技巧的發展極為快速，應用起來也甚為方便，社區內各種團體組織若能廣為使用，必能增加工作效能與效率。社區團體組織的份子要能分享電子網絡的技能，本身要能下定決心學習使用，遇到瓶頸或難題時，要有人能指導幫忙處理與解決。

目前電子溝通網絡不僅可經由電腦建立與行使，也可經由手機來建立與運作，且可進而連結電腦與手機而形成。能夠善用電子網絡技巧者，以年輕族群為強手，年老族群相對較為落後。因而電子網絡的建立與使用，尤其多寄望在年輕人所組成的團體中發展。

## (四)借用與抑制非正式溝通網絡

社區內的居民因為空間距離極近，形成非正式團體的機會很多，許多社會互動與溝通可藉由這些非正式組織進行，不必重新建立溝通架構，可以節省不少人力與物力。例如經由家人、鄰居或朋友的非正式關係，傳遞訊息及說服見解等，都能節省成本，卻很有效。

但非正式組織很容易變為營私的利益集團，因私而忘公。故許多社區團體組織的公共性事務，並不能太過依賴非正式溝通網絡的傳達或凝聚，否則反而會傷及團體的公益。

# 七、形成適當副團體

## (一)正視形成副團體的可能性與必要性

大團體的內部可能會再分化。理念相近、趣味相投的人緊密的結合在一起即形成副團體。副團體的存在可能會有相互對抗、互相牽制的問題，但有副團體的存在表示團體的結構更為複雜分化，不致成為同質性過高的一言堂。由副團體的運作也可展現團體細部功能的好處。副團體對大團體的正負功能，都很值得從事團體工作者的正視。

## (二)發揮副團體功能，對大團體盡功能

針對副團體的正面功能性，團體工作者要知所善用，使其發揮對大團體盡功能。運用的重要概念是使不同的副團體擔負特殊不同的工作任務。

副團體的凝聚力強，歸屬感強，榮譽感重，且與團體外部有區隔。若能使每一副團體擔負一種特殊不同的工作任務，副團體的成員

定會努力與共去完成。合併多個副團體完成的工作任務,可成大團體的可觀功能。

### (三)瓦解阻礙性的不良副團體

在大團體組織中的副團體,有些比較惡質者,會另立門戶,擺明與大團體作對,或暗中進行破壞。此種副團體的存在對大團體必定會有阻礙性的不良影響。如果大團體行得正,並無腐化敗壞之情形,對於破壞性與阻礙性的不良副團體,就有必要設法瓦解。然而如果大團體本身已經腐爛敗壞,反對性的副團體反而有其正義與改革的使命,其存在的價值就另當別論了。

要瓦解或摧毀阻礙性不良副團體的方法很多,常見透過公開聲討,以民主投票的方式,對其作壓倒性的討伐與制止;也有用明示的方法要求其修正與改變者。這些都是較光明磊落的瓦解方法。但也常見大團體使用殘酷的鎮壓摧毀的手段,瓦解作對的副團體。使用陰險的方法在暗中對其傷害的做法雖然會有成效,但卻不可取。

## 八、整合衝突意見與派系

在運用團體組織方法來推展社區工作的過程中,常會出現在團體內外存有衝突與對立的意見與派系。團體要能發揮工作效能,必須對於衝突的意見與派系加以整合。整合衝突意見與派系的方法與途徑有下列幾項重要者:

### (一)曉以大義

如果衝突是起自小派系意氣用事,則可由要求持衝突性意見與理念的小派系放棄成見,能以大義為念,肯由犧牲小我,而完成大我。

但是如果由大派系以大欺小而引發的衝突，則大派系有必要捨棄部分
權力，多作一些讓步，獲得團結與和平。

## (二)公平分工與報酬

　　團體內個別份子或派系之間的矛盾與衝突最常因爲工作不公、報
酬不平而引起。爲能平息此種矛盾與衝突，有必要在分工與報酬方面
重新調整，使其較爲公平，降低矛盾，消除衝突。此種重新調整與分
配工作與報酬的職責，主要落在團體的領導者身上。

## (三)調解與仲裁

　　當團體內部或外部衝突很難解決與落幕的情況，有必要請出較具
力量的第三者作調解與仲裁。有力的第三者常是有正式職位的仲裁者
或判決者，調解委員會的委員、法院的法官或治安機關的警察人員等
都是此類有力的人士。有時團體衝突也可由非正式職位有聲望的人調
解與仲裁成功，甚爲難得。

# 九、凝聚團體的結合力

　　團體工作方法要能有效，必須團體能有較高的結合力。所有成員
能群策群力，爲共同的目標而努力。凝聚團體結合力的方法也有如下
數項重要者。

## (一)增進個人的利益、光榮感與歸屬感

　　團體份子對團體的歸屬感強，整個團體的凝聚力或結合力也必
強。爲使團體中的個人對團體有較高度的歸屬感，一個重要的辦法是
團體能增進個人的利益與光榮感，使其對團體能獲得較高的心理滿

足，並願留在團體中成為一份子。

團體能提升份子歸屬感的另一重要方法或途徑是，團體本身能創造較多的榮譽，使團體份子能分享榮譽，以能成為團體一份子為傲，則其對團體的歸屬感也必定不低。團體創造榮譽與替成員創造利益，可合而為一，但也不一定要一致性。許多有榮譽的事蹟，常非金錢、物質等實質利益所能更換或取代的。有實質利益的事蹟也不一定全是有高名譽者。但團體若能創造光榮之事，各份子肯定也會有「與有榮焉」的感受。

## (二)改善溝通的能量與品質

團體的結合力或組織的團結力，與團體組織的矛盾與衝突常是背道而馳的。若能化解與消除矛盾與衝突，對於增進團體的結合力或組織的團結力必大有幫助。而化解與消除矛盾與衝突的重要工作方法是溝通，溝通工作要能作得好，則要有足夠的能量與品質。有關溝通方法與技巧都是增進其能量與品質的元素，這些方面過去的論述不少。如下列舉若干重要的技巧與方法，都有助於提升溝通的能量與品質。

1.平時建立良好的關係，必要溝通時就能較容易進行。

2.將要溝通的意思表達清楚明確，有助於被接受。

3.溝通內容要能合乎情理，並符合實際，也較容易被接受。

4.廣納意見不能偏袒單方，有助於溝通的進行。

5.不可有武斷刺激的言語，以免使人反感，妨礙溝通。

6.關懷他人的感覺，體貼他人的處境，定能有益溝通。

7.言行舉止有風度，具幽默感，可使人願意溝通。

8.耐心傾聽他人意見，對溝通很有幫助。

9.良好的語言表達能力，不致使溝通工作越陷越糟。

10.婉轉的拒絕，溫和的堅持，平和的應對與巧妙的轉移。

　　總之，溝通的技巧與方法，可說是一門為人處事的藝術課。因為人的居心與行為千變萬化，要能拿捏恰當的溝通技巧著實不易，必須平時多加琢磨與鍛鍊，才能有可觀的收穫。

## (三)創造友誼關係

　　人能成為朋友就會多加關照，就不難溝通，也願意費心相助。在團體內，人人若能多創造友誼關係，必能有益同心協力，增進結合的力量。與有友情的團體成員之間也能有福共享，有難同當，相互援助。有情的朋友可共創奇蹟，人若無情則可能製造災難。

　　友情關係如何創造得來，方法與技巧也有很多。常見者有分享快樂，安慰傷心、幫助困難、閒聊解悶、相互敬重、誠實、忠心、信任、同道、結拜、結盟、接納、同情等。

## (四)增強團體能力

　　增強團體能力必有助凝聚團體的結合力。團體能力是指將個人的能力連結在一起而成。增強此種能力的方法也有許多種，可由辦理團體活動、舉辦團體遊戲或娛樂，以及訂立團體協約等具體的辦法而獲得與增進。

## (五)精緻團體文化

　　團體的運作與發展過程中必會產生其特有的精神、價值、信念、規範及風氣等，亦即會形成其特有文化。文化有良好的也有敗壞的，有精緻的也有粗糙庸俗的。其中良好精緻的文化對於團體成員會有鼓舞作用，也可使團體揚名，有助凝聚團體的結合力。

　　重要的精緻文化有創新、合作、嚴謹、忠誠、誠信、溫情等。這些精緻文化可由培育、塑造、累積得來。要能培育、塑造及累積出團

體的精緻文化，則團體的管理行為、工作環境、規章制度及團體的標誌等外顯因素或條件是非常關鍵的。必須有良好精緻的外顯條件與因素，才能形成深層的優良精緻精神、哲學、價值觀念、道德規範與風氣等文化特質。團體有良好精緻文化必可凝聚與增進其結合能力。

## 十、發揮團體功能

　　社區內團體工作的最終目標是要使團體能發揮良好的功能。本章前面所述各種有關驅動團體的互動與溝通的過程與方法，也都以能發揮團體功能為依歸。而團體功能的發揮則有三個要項：

### (一)達成團體目標，維護團體利益

　　團體的首要功能以可達成其預期目標最為重要。唯有其目標能達成，團體利益才能維護。團體利益能維護，則團體才能存在並發展。團體的利益與成員的福祉及社區的利益常是一致的，但也會有區隔之處。最講究團體利益的團體常以利益團體的姿態出現，此種團體凝聚加入份子的利益，聯合成有力的組織。常能影響立法與政府的決策，也常成為壓力團體。此種團體要能團結有力，個別份子就要拋棄私見，對外立場與利益一致。

### (二)造福團體成員

　　個人加入團體組織，常期望藉團體條件或力量達成自己的需求與期望。團體功能必須要能完成此種使命，使加入份子都能獲得好處，享有福祉，才會願意繼續加入團體，成為團體的一員。否則會離心離德，逐漸求去，團體也會逐漸瓦解。一般關係取向的團體，較能滿足個人的興趣與利益，工作取向的團體，則較容易忽略與遺忘個人的權

利與好處，故要特別留意。

## (三)貢獻社區

　　定位在社區工作範圍內的團體，其工作目的是在替社區的發展或福利服務盡功能並達成使命，亦即要能貢獻社區。團體功能要能有效貢獻社區，則其目標必須與社區發展工作與福利服務相連結，不可僅止於達成團體利益。團體必須認知其為社區的一部分，要為社區出力貢獻。

　　當前許多非營利團體對於社區的貢獻功不可沒。但營利性的團體組織卻常只顧及到團體組織的利益，未能放眼社區服務工作者為數不少。我們的社會與國家及民間與政府若能共同努力，多發揮一些影響力量，使營利性的團體組織，也能撥出一些利益與能力來幫助社區，貢獻社區，則社區工作便能因有更多營利團體的加入與參與，而發揮更多功能。社區必然會更加祥和也更有發展，這是全民的福祉，也是國家社會的福氣。

# 第十一章

# 建立團體的規範與文化

- 設定角色
- 分派任務
- 扮演角色與克盡任務
- 樹立團體規範體系
- 提升優質團體規範成為團體目標
- 創造優良的團體文化
- 淘汰劣質的團體文化
- 使用多種方法改進團體文化
- 轉變團體的優質文化成為團體規範

一個團體的組織要能健全發展，建立團體的良好組織規範與文化非常重要。有良好的組織規範與文化，團體才能正常順利運作。團體的組織規範是團體組織文化的核心部分，團體的組織文化則是團體組織規範的外圍保護傘，也是防火牆。

# 一、設定角色

能工作的團體一定有角色，非正式的各種工作角色可以是由自然演變而成，而正式性的各種工作角色，多半是由規定而成的。團體組織在規定角色時有若干重要原則與方法，也是技巧，能照這些原則、方法與技巧規定的角色，一般都較為恰當，也可使團體組織能盡較好的功能。

## (一)依分工需要設定角色

一個團體組織要規定何種角色與職位，主要是依分工的需要而定。醫療團體重要的工作有診治、護理、檢驗、給藥、掛號、會計出納，以及清潔、警衛等，故要設定醫師、護士、檢驗師、藥師、一般事務人員、清潔工人及警衛等角色。餐飲團體的重要角色則要設定廚師、侍者、調酒師及接待等。

## (二)由適當的人擔任特定角色

一個團體內的工作角色有多種，亦即是分化的性質。每個角色都有必要由適當的人擔任。適當的條件是指才能、專業、個性與經驗等。必須由適當的人擔任特定角色，才能將角色扮演好。每個角色都能演好，團體也才能盡好功能。

由適當的人擔任特定角色的原則有時會遭遇難題，一種難題是

一個角色會有兩個以上適當的人可扮演。另一種難題是某種特定角色未能在團體內找到適當的角色來扮演。第一種難題可由輪流擔任，或由比較次要條件分出適當性的高低。第二種難題則可由向外取才來解決，或從團體內部選拔最富潛力的人加以訓練後使用。團體中的重要角色會依不同部門而從事不同工作。在同一部門內，則有管理他人者，及被人管理者之分。

## (三)角色連結形成結構

團體中的每一角色不是孤立存在，而是有密切的關聯性，且其關聯同時存有水平與垂直的關係。水平關係是指同等級不同部門或位置的關係。垂直關係是指上下之間有主從性質的關係。合併水平關係與垂直關係即成一個結構。

團體的角色結構，與個別角色幾乎同時設定，但也可能先設定個別角色，而後設定或調整全團體的角色結構。角色結構會因團體的規模與目標的不同而作不同的架設。有者比較複雜，有者比較簡單；有者層次較多，有者層次則較少。

## (四)搭配特定地位

角色與地位要相互搭配，扮演不同角色的人其地位各不相同。一般角色較為重要者，地位會較高。角色較不重要者，其地位則較低。反過來看，地位較高者其角色也較重要，地位較低者其角色也較不重要。但也有少數例外情形，角色重要者，其地位不一定較高。而角色不重要者反而所占的地位較高，且能享有較好的權利。當角色與地位不搭配的情形，常會產生不平與不滿的問題。

# 二、分派任務

一個團隊的工作是由不同的角色擔當不同的任務。團隊內不同角色的任務，常不是由每個角色所自選的，而是由主管人員分派的。每人被分派的任務具有如下重要性質，團體中的主管也依此性質，來分派任務。

## (一)每一角色至少擔當一種任務

團體中的每一個角色至少要擔當一種任務，才不致使角色虛設。依照分工的原理，每個角色的任務可能不同，但也可能一種任務由多種角色所擔任，便會形成由不同角色擔負相同任務的情形。

團體中有些角色擔負的任務會多於一種，即所謂「能者多勞」。擔任多種任務的角色，多半是較有能力者。其擔負的多種任務的性質可能相近，但也可能相去甚遠，視團體的需要及角色的能力條件而定。

## (二)任務分門別類

團體的多種任務各自會有性質差異，而差異會有大小之分及遠近之別。必須加以分門別類，也要加以整合，才能較有系統，也較方便相互支援，以及指揮管理。服務性團體的外勤工作與任務不少，內勤的事務管理工作也少不了，故大致上有內外勤的類別之分，兩類各再包含多種細類。發展性的工作則常少不了技術操作性的任務，同樣也少不了處理內部事務的管理任務，故常有技術部門及事務部門的分類。總之，各團體任務類別的數量及性質，視團體的規模、目標與使命不同，而有不同的情形。

## (三)任務的輕重與分量

團體內不同角色所擔負的任務除了性質上的差別之外，另一種重要的差異是輕重與分量。此種差異性是指任務的性質與角色承擔能力的相對性而論的。許多團體會存有不同角色承擔的任務有輕重分量不等的現象，也常是問題，因為分量不等，常會引發不滿，或需要有不等的報酬。管理者必須要注意此問題，才能使團體少有摩擦，順利運作。

# 三、扮演角色與克盡任務

團體的重要規範之一是，每一角色必須起而行地加以扮演，而扮演的重點在於克盡其任務，並能完成任務。角色不能虛設，不能只當花瓶。即使象徵花瓶的公關角色，也要能克盡公關的任務，作出一點成績。

團體份子在扮演角色時，切忌扮演不力與扮演錯誤。扮演不力就未能有效完美達成任務，不僅耽誤自己的工作，也可能影響團隊的工作。角色扮演錯誤，害處可能更大，不僅沒有功績，還可能造成更大的破壞。扮演錯誤可能是無意或有意造成，兩者都有缺失的責任。惟故意造成錯誤，缺失更為嚴重。為使團體的每一角色都能正確扮演，並有效克盡任務，需要依照下列四項重要原則進行。

## (一)按規範扮演

角色要能演好，必要按照規範行動。雖然每一團體不一定對大小角色都規範得很完備，但必然都有重要的共同規範可供依循。遵照規範扮演行事，會減輕不必要的錯誤，也能較符合團體的要求，必然較

能將角色演好，並將任務盡好。

一般團體的重要工作規範都會要求按時工作，要能認真工作，不可偷懶，也要按時交貨或按時交差。此外，重要的規定可能還有涉及待人方面的，包括要聽從上級命令，不可違抗；與同事要和睦相處，不可無理製造爭端等。

## (二)授與權力

團體要個別角色能盡功能，有必要授以適當的做事權力，包括提供適當的工具或機械等。無對等的權力配合，角色會寸步難行，也難期望其可順利克盡與完成任務。

每一角色的權力多半要由管理者授以。重要的權力來源常得自人力、物力、財力、技術或無形約定的贊助。有必要的工作或行事權力，工作角色才不致像無米可炊的巧婦。每個角色都能較順利扮演並盡責任。惟每一角色在獲得權力之後，切記不可濫用，否則會使角色過度或不當扮演，反而於任務無補，更會壞了團體的大事。

## (三)矯正失當的扮演

團體內的角色扮演可能出現失當的問題，管理者或領導者有必要能及時發現並加以矯正，以免造成浪費或破壞。矯正的方法或技巧有很多種，糾正、彌補、調職、處罰、勸導等都是常用的方法，視情節而選用適當的辦法。

如果角色扮演失當者是團體的領導者或主管人物，常會使失當的角色拖延較長時間而未能浮現。發現與糾正這種問題的方法有兩種：一種是由外界舉發與矯正；另一種是由內部屬下不怕犯上勇敢抵制與反抗。兩者都會有些難度，外界不易發現團體高層的過錯，而團體內部屬下犯上的舉動常會被上層打壓。雖然問題的浮現時日會較遲緩，

但終會有浮現之一日，一旦浮現問題矯正就有希望。

## (四)捨棄失敗的角色

扮演失敗的角色，有必要加以捨棄，包括辭職、自動退職或更換角色。不使失敗的角色繼續存在職位上，以免耽誤團體的任務與績效。惟當團體在捨棄失敗的角色時，常會引發失敗角色的反彈。要能確實執行，團體必須展現魄力。

# 四、樹立團體規範體系

當團體訂立的規範較爲繁多時，有必要將之樹立成較有體系性，才不致雜亂無章，窒礙難行。樹立規範體系的要務或重要方法有下列三項：

## (一)系統分類規範

對於多項的團體規範，先要對其性質作成系統分類，包括分辨各種規範管轄的範圍及性質。例如有者涉及人事，有者涉及業務，有者涉及顧客或被服務者等。瞭解其性質及涉及的範圍，就較易作進一步的系統化處理。

## (二)整合各類規範

將規範分類之後，繼續要使各類規範能作整合，不使其孤立存在，而能使其互有關聯，並能減少衝突與矛盾，增進相互依賴性。

## (三)建立規範結構與體系

團體的角色都要具有結構與體系性的分工與整合，才能明確並有

條理。約束角色的規範也必須作結構與體系的整理與連結，才能有條理與秩序，要約束角色的功能才能較好發揮。

規範結構是指左右上下之間的合理連結關係。規範體系是同類型或同性質的規範置放在一起，使其成為相同系統。建立結構體系是有效作任何事情的必要準備工作。團體在樹立規範時，也不可忽視使其體系化。

## 五、提升優質團體規範成為團體目標

團體樹立的規範經過時日的應用與運作，會浮現優質與劣質規範之別。優質的規範可被團體提升為團體目標，作為組織必須達成的鵠的。提升或轉換團體規範成為團體目標的過程與方法有三要項，將之說明如下：

### (一)選擇提升

從團體的規範要提升為團體目標，必須經過選擇，亦即擇優汰劣。只選擇優質的規範，作為必要達成的目的。規範中有者是較消極性的不可違背者，有者則是較積極性必須獲取者，這些積極性的規範也是較適合被選擇為團體目標者。

### (二)附加與修飾目標

提升優質團體規範成為團體目標的方法或過程，也可在已存或已設定的團體規範上附加上目標的色彩，或在目標上依規範的性質加以修飾，使目標也含帶規範的意義與內涵。就以約束團體成員在工作上班時間要有整齊一致的儀容，當作規範為例，當其落實成目標時，則每個份子在上班時間都要以能穿著制服作為目標。

## (三)追求與完成目標

當團體規範被提升成團體目標後，團體必須進而追求與達成目標，才能使目標落實，也可使團體能更有成效。要使含有團體規範意義與色彩的目標能達成，祕訣與方法很多，其中，做好管理，人人努力盡責，是最基本的工作方法。

# 六、創造優良的團體文化

團體文化是指團體的價值、精神、信仰、思考方式、禮儀、故事、符號或象徵及語言等概念，代表團體的精神、感受與表徵。團體的文化中有優質善良的部分，也可能會有劣質邪惡的部分。團體應不斷努力創造優質善良的文化，淘汰劣質邪惡的文化，才能增進團體的成效與功能，也才能避免團體的過失與無能。本節先說明團體應如何創造優質善良的文化，下節再論如何淘汰劣質與邪惡的文化。創造優質善良團體文化的方法與技巧約有下列五大要項：

## (一)立基於舊有的優良團體文化

要能從無中生有創造全新文化並不容易，一種相對可行的創造新優良團體文化的方法是立基在舊有的優良團體文化上，以舊有傳統的優良文化作為基礎，加以修改創新就較有憑據，也較容易進展。

## (二)培養與鼓勵創造人才

新的優良文化要能產生，必須有良好的人才為之創作。團體組織對於創造文化的人才要經培養與鼓勵，才能造就。要培養與鼓勵創造新文化人才，要先能營造良好的創造環境，給人才有創造的機會與能

力。缺乏良好環境，要鼓勵與培養人才就有困難，也就不容易造就出創造人才來。

## (三)涵蓋優良的物質與精神文化

值得團體創造的優質與善良文化，包括優良的物質文化與優良的精神文化。優質與善良的物質團體文化，包括由團體創造的各種優質生產用器物與生活用品等。優質與善良的精神文化，則包括團體創造的各種優良的精神、思想、禮儀、語言等。各種優良的物質與精神文化，對團體的功能、成長與發展等都會有正面的促進作用。

## (四)保護創造成果

經創造而成的優質與善良文化，得來不易，於獲得之後應能善加保護。使其不再流失或被埋沒。保護的辦法包括存藏，但不能掩埋，利用卻不可耗損。

## (五)計畫性的永續推動創造

有效創造優良團體文化，不可一曝十寒，要持之以恆。若能作好計畫，永續推動，有用的新文化便可不斷有人創造產生。如何推展計畫性的永續推動創造，則特別需要依賴團體中有識之士出面領導與推動。

# 七、淘汰劣質的團體文化

團體的劣質邪惡文化對團體無益，也會傷及團體中的個人，必須加以淘汰。淘汰的方法與過程，有下列這些：

## (一)經評鑑分辨優劣

如何判定團體文化的優劣，需要經過評鑑的過程。團體文化評鑑過程包含對個別團體的文化作仔細的清查性質，評估其對團體、個人及社區的影響，包括評估概要與細部。作完個別評估之後，進而比較各團體文化的優劣順序。從比較中分辨出較為優質善良或劣質與邪惡的種類或部分，作為淘汰劣質文化之參考依據。

## (二)設定淘汰劣質文化標準

劣等的團體文化也有不同的程度與標準，不一定全部都要淘汰或消滅，應先設定淘汰的標準，再實際進行淘汰的行動。何種劣質文化標準是淘汰的門檻，則有客觀與主觀兩種標準。客觀標準是多數團體所共同認定者；主觀標準是個別團體特殊認定者。客觀的劣質文化標準不論發生或被置放在任何團體中，都會對團體造成傷害，乃至拖垮團體。主觀的劣質文化是依團體自定標準所認定者，某團體認為劣質者，他團體並不一定也作同樣的認定。其他的團體或許能善作駕御與運用，不致使其造成傷害，反而能對團體發揮助力。

## (三)進行淘汰

不論經客觀或主觀評定分辨為劣質或邪惡的文化，團體都要將之淘汰，澈底的淘汰辦法是將其消除，使其消失，不再於團體中復活或出現。

為使淘汰工作不造成失誤，事先要有審慎的評估或鑑定。邪惡、散漫、落後、黑暗、敗壞、笨拙、集權等文化特性，都是常見的劣質性文化，都可被列入淘汰的對象與目標。

## (四)善後處理

劣質文化會出現與存在於團體中，都受一部分人喜好與擁抱。當團體要將其淘汰時，必會引起喜歡與擁抱者的抵抗與反對。團體於進行淘汰動作之後，也必須要作善後處理，以免抵抗與反對擴大，造成更大的衝突。處理文化抵抗與反對的方法也有不少，以下舉出數項曾被使用過但較不常被提及的方法或策略，以供參考。

### ◆多邊主義途逕的處理方法

此種方法曾是美國柯林頓總統用來處理國際衝突的方法，是使用多邊外交行為與活動的理論與策略，主要做法是由國際合作解決或緩和國際衝突問題。將此種方法應用於處理淘汰劣質團體文化所發生的衝突時，則應著重對抵抗者與反對者採取安撫與合作的辦法，以替代強硬的對抗與衝突。

### ◆技術規範模式

此種方法是指透過技術知識的學習，導致反對者行為改變而接受淘汰與改革。學習技術與知識可由培訓而獲得。

### ◆解除武裝與實力的策略

當護衛劣質文化者形成幫派勢力存在時，團體有效的應對與處理辦法之一是解除其武裝，包括其實質佩帶的武器或其掌握的對抗資本與實力。

# 八、使用多種方法改進團體文化

除了前面論及由創造優良的團體文化及淘汰劣質的團體文化都能改進團體文化以外，還有其他多種可以改進團體文化的方法。

## (一)改革原有文化

團體組織的文化要能改進，則原有較不美好的文化部分需要加以改革。較常見面臨改革的多種團體文化，會出現下列的情形：

◆團體政治文化的改革

團體的政治常會有偏向獨裁、逢迎、偏見與歧視等弊端與缺陷，乃會被團體的成員要求改革成較民主、較平實、較公正與較平等。

◆團體教育與學習文化的改革

社區中許多團體的教育與學習文化常會流於故步自封，或散漫怠惰的問題與缺點，實有必要加以改革，改革成更加開放、更加積極的教育與學習，更為充實的知識與技能。

◆團體道德文化的改革

道德是一種自律性甚高的態度與行為，團體中若無人特別加以強調帶動，很容易流於自私、殘暴與缺德。這種團體的道德文化會失之墮落或不夠水準，也很必要改革提升。能增進道德水準，也可提升團體的名譽。

◆管理文化的改革

管理是團體運作的一項要事，但不少團體的管理文化並不很良好，如不夠科學、不夠人性或不夠精密。這些問題也都會被要求加以改革，使能更科學化、更具準確性，更人性化也使被管理的人更能接受，更為嚴謹，固而能有更好的效率與成果。

◆參與文化的改革

社區內團體份子對於公共事務參與率低的消極性文化，也常被指為是一種不良的團體文化。這類文化問題包含會議的出席率低、投票

率低、對公共事務不夠熱心等。此種不良的文化，有必要由提升團體份子的參與率而獲得改善。

## (二)引進外部文化

外部的其他團體或組織都各有其特殊文化，其中不乏美好者，很值得團體移植或效法，團體可採引進移植的方法，可節省創造的氣力。

團體要引進外部文化，必須先注意是否適合本團體。與本團體能融洽相處者才可引進，不能融洽相處者，則再美好的外部文化也引進移植不得。否則勉強引進移植，會很難適應並生存。

引進外部優良文化，常會面臨付出費用的問題，包括外部要求付費，以及引進過程中需要支付的溝通、運輸成本等。如果良好的外部文化是經過他人花費成本創造的結果，對方保有專利權，要求引進者或移植者必須付出的費用就不會很低。

## (三)廢除不良的舊有文化

當團體發現原有的內部或本體文化中有絕對不良的部分，有必要斷然加以廢除。保留不良文化，不但於團體無益，反而有害。惟在廢除不良無用的舊文化時，仍會遭遇喜好與擁抱壞舊文化者的反對與抵抗，團體要有決心與能力加以斷絕與消除。

## (四)創造新文化

團體文化要能活化，要能有生機，也要有不斷的創新。創造過去未存在的有價值文化。團體要能創造新文化必先要有創造文化的人才，人才可由培育、磨練得來。創造新文化，可以外部的優良文化為目標，也可以假設性的優良文化作為創造的目標。不少較有規模的團體或組織，會設置創造新文化的部門或職位，如企業組織中的研發

部門。居於專業創造的成員，可專心致力於創造與發明文化的工作。通常專業性的創造者也會較有成績表現。未能設置專業創造職位的團體，只能仰賴團體中較聰明又較用心的人去創造與發明。

### (五)整合新舊文化

團體在改進文化過程中，既然要注意對舊文化只作片面或部分改革，也要注意引進與創造新文化，必然會發生新舊文化碰撞在一起的情況，必須要能妥爲處理與整合，不使產生矛盾或衝突。最常見整合新舊文化的做法是相互尊重，共存共榮，各自保留特質，亦即發展成所謂文化的多元性，或稱多元文化。

另一種新舊文化整合的方法或過程是，使新舊文化都能接納對方成爲本體文化的一部分。最終新舊不分，成爲一種分不出新舊文化的綜合體。這種團體的綜合文化，一致性便能升高。

## 九、轉變團體的優質文化成為團體規範

組織文化是組織規範的外圍部門，如能將優質的團體文化轉變爲團體的規範，其對團體的幫助與貢獻，便能加大。轉變的路徑或方法有下列各項：

### (一)使優質文化成爲日常生活行爲習慣

文化要與日常生活行爲相連結，才能生根，才能展現影響力。要使優良團體文化對團體發生影響與貢獻，不可使其飄浮在空氣中，而是要能落實到日常的團體生活行爲的細節。對於工作性的團體而言，更要使文化滲透到每個工作環節。文化能成爲團體生活與工作行爲的一部分，便有希望再進一步演變成團體的規範。

## (二)轉變優質團體文化成為團體的倫理、價值、信仰、道德與法規

能使文化轉變為團體倫理、價值、信仰、道德與法規，就更能為團體份子所遵行，更能影響團體份子的內心，成為其心理態度、思想行為的準繩。

## (三)明訂規範標準：合理與公平等

要由融化團體文化變成團體規範，有必要對規範標準加以明定，使團體成員能清楚明瞭規範的目標與內容，才能方便遵守與奉行。團體文化與規範的功用便可更有效發揮與展現，對團體及其成員都會有較可觀的好處與貢獻。

若干可由團體優質文化轉變而來的重要團體規範有公平合理、勤勉、努力、誠實、負責，以及中國古訓中的四維八德等，都可作為可貴的團體規範。

## (四)以有效機制維護規範

不同的團體規範各有其特別有效或合適的維護機制，但一般的規範也都有共同性的有效維護機制。於此列舉數項維護規範的機制與方法：

1. 偵測與監控可能入侵者：要有效維護規範必須要先能偵測到入侵者或破壞者，並對之加以監控，由監控防止其干擾與破壞規範，使規範能獲得維護。
2. 公告與懲罰規範破壞者：對於侵犯與破壞規範者，特別公告並作懲罰，以收警戒之效，使其他人不敢侵犯與干擾。
3. 設置防範措施：除了偵測與監控的防範機制外，還有不少有效防範規範措施，如設置保全人員，以及保全的工具與設備。設

備是否齊全，關係防範的效果至鉅。

4.舉辦防範宣導活動：此種宣導活動可以專案舉辦，也可以在集
會時附帶宣導。前種方法或機制會較正式有效，但成本較大；
後種方式或機制則可節省成本。

# 第十二章

# 團體的領導與管理

- 鍛鍊與培育領導者與管理者
- 扮演領導與管理角色
- 運用團體的領導與管理能力
- 發揮領導與管理技巧
- 展現領導與管理功能
- 建立良好的領導與管理品質
- 維護團體
- 自覺與反省
- 對人重領導,對事重管理

　　團體是由多數人結合而成，不同的人會有不同的想法與行為，團體很難會有自動協調一致的行動，需要領導與管理，才能結合多數人的想法與做法成為一體。本章論述團體領導與管理的性質、方法與技巧的要點。

　　團體的領導者是指團體中能令人信服與遵從的人物，對他人具有高度的影響力。團體的管理者是指團體中居於高位者，經團體授以權力，管理團體內的人及活動的事務。團體的領導者與管理者可能一致，但也可能不一致，卻都是團體中的核心與重要人物，都會關係與影響團體工作的成敗。有此共同的重要特性與功能，本章乃將有關兩者被動與主動營造工作的方法過程相提並論。團體的領導者與管理者有天生具有的特質，但更需要有後天的培育與鍛鍊。

# 一、鍛鍊與培育領導者與管理者

　　團體的領導者與管理者可由自我鍛鍊或經團體培育而成。但可能鍛鍊與培育成功的領導者或管理者，則必須具備一些特質。

## (一)認明領導力與管理能力的特質

　　不是人人都具有領導與管理的特質，人有意鍛鍊與培育成領導者與管理者，必先要認明領導力與管理能力的特質。具有此種特質的人，必定比較容易鍛鍊與培育成功，否則成功的機會會較小。

　　此種特質主要由兩部分構成：一種是人格特質；另一種是動機特質。膽識、魄力、勇敢、愛心與熱心、能量、實現或表明等，都是重要的人格與動機特質。要想成為領導者或管理者的人，都先要有自知之明，想培育他人成為領導者與管理者的人，也必須先看清他人的特質。否則特質不符，鍛鍊與培育都難有成效。

## (二)自我養成領導與管理能力

　　人有很高的自主性，想要成為領導者與管理者就必須要能自我養成領導與管理能力。這種能力雖有突然爆發的可能，但更常見要經長期耐心與用心的鍛鍊與培養。

## (三)外力培養或指定領袖

　　團體的領導者與管理者也常見由他人或外力培養或指定而成者。越是封建保守的社會或團體，經外力刻意培養與指定領導者與管理者的情形更多。指定者與被指定者之間常有很親近的關係。皇位的世襲、家族企業主權的傳承等，都是此種產生領導者與管理者的最顯著明證。

## (四)權變機會突然形成

　　世界上也有不少團體的領導者與管理者，是由於合適機會突然形成者。亦即在合乎天時、地利與人和的偶然條件下，被哄抬為領袖。

# 二、扮演領導與管理角色

　　領導與管理角色形成之後，必須扮演恰如其分的合適角色，領導與管理角色才能名副其實，才能對團體有作用與意義，其角色與職位也才能站得住。重要領導與管理角色有如下四種：

## (一)代表團體出面

　　當團體內部有活動，或對外有互動交涉時，領導者與管理者都要代表整個團體出面。有時由其帶領一群助手一起出面，有時則由其單

獨出面。此時他是團體的代表人物，也是靈魂人物。各種活動都有他的首肯、承諾與主意。

## (二)主持團體會議

團體為能進行溝通與決策，常要開辦會議，團體的領導者與管理者也常是會議的主持者。由其報告與領導會議事項，並要裁決會議的結論。

許多團體的會議還要細分成分組討論，小組討論時也要分設主持人，代表次級的領導者或管理者，將結果呈上大會的領導者與管理者，作最後的結論。

為使會議有效率，主持人要具備與掌握主持會議的技巧。重要的技巧包括：

1.要能聆聽、掌握與尊重發言者意見。
2.引導討論主題，廣泛徵求與誘導發言。
3.善於營造氣氛並作好記錄。
4.善作摘要與結論。
5.控制時間。

## (三)決定團體策略

團體策略是團體行動的主要依據，領導者與管理者是決策的主導者與守護者。民主團體的重要決策，固然常要經由會集眾人的意見後敲定，但由領導者與管理者拿定主意，設計謀略，徵求與說服他人同意更是重要。由領導者決定團體策略的大方針，才能突顯領導與管理地位的重要，此種地位也才能受到隨從份子的肯定。

許多團體的決策有經由決策小組決定的方法，但在小組中領導者與管理者畢竟還是最關鍵人物。成立決策小組常只是為能避免個人單

獨決策的錯誤與疏失，而不應是以能有人分擔責任爲目的。

## (四)帶動團體運作

　　團體要運作活動，才能活絡與發展。團體的活動很難自動進行，需要有人帶動與運作，帶動者常是團體的領導者或管理者。由領導者與管理者帶領，個體可在同一時間各就崗位，扮演自己的角色，整個團體便能按照計畫朝向目標進行工作，成效才能預期。若無人帶動，團體可能停止不前。若帶動者非領袖，除非有授權，否則無人信服，團體也動不起來。這種間接由代理人帶動團體運作的方法，是團體領袖在團體背後工作的一項重要任務。

# 三、運用團體的領導與管理能力

　　團體的領導者與管理者在帶動團體運作時，必須能善爲運用領導與管理能力，才能有效帶動。運用領導與管理能力則有如下兩個非常重要的原理：

## (一)結合魅力與權力

　　團體領袖有先天的自然魅力，也有團體所賦予的合法權。在領導管理時，必須結合此兩種力量，用於角色的扮演上，團體成員才能心甘情願地服從其領導與管理，領導與管理角色才能有效扮演，團體運作才能順利進行，並獲得成效。

## (二)獎懲嚴明

　　爲了能使領導與管理有力量，團體領導者與管理者在運用能力扮演角色時，也常必須啓動獎懲的機器，且要能公正嚴明，對於部屬會

有激勵與警惕的雙重效果。部屬能獲激勵與得到警惕，就會認真謹慎聽從領導與管理，也會較認真謹慎行事，團體的功能便會更加彰顯。

## 四、發揮領導與管理技巧

領導與管理的技巧很多，領導者與管理者必須能熟悉並常加使用。如下列舉若干，提供有志為領導者與管理者參考並運用。

### (一)以身作則

領導者與管理者常因為只會發號施令，高高在上，很容易被部屬反感生厭。緩衝與調和的辦法是，以身作則，親自衝鋒陷陣，實際參與工作，展現身教，作為示範。

### (二)探索問題

領導與管理角色的要項之一是，要能探索問題，作為改善團體職務與功能的目標。團體中若存有問題而不能被發現，就不能被解決，從中作怪便會敗事。團體中的其他成員可能無力也無心去探索問題，故對問題袖手旁觀，不加過問。但領導者與管理者身負全責，對於探索問題便責無旁貸。

### (三)面對與解決問題

發現問題後便要面對並解決，否則於事無補。不能面對與解決問題的領導者與管理者，會被認定為無能，而遭部屬唾棄。

### (四)幽默服人

幽默是化解人際關係緊張的良方。幽默的人，常能用兵於談笑之

間，以三兩句巧言雋語，可化干戈爲玉帛，比使用刀槍更能服人。

## (五)掌握要點

領導做事要能掌握要點，不婆婆媽媽，拘泥小節，才不致浪費時間，誤導方向。此種能力要靠智慧與磨練得來。

## (六)尊重與支持部屬意見

部屬的好意見能受到領袖或主管的尊重與支持，便能供爲領袖或主管所採用，成爲領袖與主管的資產。此種領導與管理風格可鼓勵部屬持續爲團體事務用心思考，可替領袖與主管分憂解勞。

## (七)言行一致

領導者與管理者能言行一致，才能獲得信賴，才不會變成言而無信的扯謊者或大騙子，也才能長久受人尊敬與擁戴。

## (八)及時掌控

領導者與管理者要能及時掌控局面，才不會坐失良機，而能有效帶動團隊向前邁進，造就佳績。

## (九)澄清疑點

團體內由於人多口雜，也會有混水摸魚之人，常會有潛伏的疑點，形成毒瘤，阻擾或危害團體。團體的首領必須有慧眼與能力，適時加以釐清，使團體成爲無障礙空間，工作與活動都能順利運作進行。

## (十)條理分明

領導者或管理者陳述事理或安排工作時，貴在能條理分明，而非混亂不清，全體成員工作與活動起來才有頭緒，不致誤撞或難以遵循。

## (十一)勇敢果決

團體遇到危機時，最需要領導者與管理者能勇敢果決加以處置，才能很快地安然度過。如果領導者與管理者軟弱無力，猶豫不決，會失去部屬的信心，團體工作會失敗，部屬也不願意再相信與支持領袖與主管。

# 五、展現領導與管理功能

領袖與主管的功能要能適時以合適的方式展現，才容易使部屬及外界認識與肯定。重要的展現方法與途徑有如下數種：

## (一)示範與引導

領導與管理功能的展現時機或方式之一是示範與引導。將領導與管理的內容示範給屬下及外界瞭解，使他們也能自動追隨效法。同時在示範之後，也能接著引導部屬按照示範內容與過程加以操作與運行，使每位觀摩與接受示範的部屬也都能知所操作與運行。

## (二)完成任務

每個團體的領導者與管理者都負有任務，有些任務是長遠性，另有些任務是比較有限時間的短暫性或階段性者。領導者展現領導或管理功能的最好方法是，完成任務與使命。能將任務與使命完成，才能

確實展現有能力、有資格擔任領導者與管理者。

## (三)實際代表團體參與外界的事務

領導者與管理者不僅在形式上要代表團體出席或參與外界的事務，也要能以實際代表團體參與外界事務。要能從參與外界事務中展現對團體的領導與管理角色與職能。

## (四)建立功能

領導者與管理者的地位要能穩固，必須要能為團體成員及團體工作的對象建立功能。其建立的功能主要附著在團體發揮出來的工作成效上，這些功效或功能必須是實質的，不是表象而已。

## (五)展現能力與氣質

團體的領導功能與管理功能要能展現，領導者與管理者必須具備與發揮恰如其分的能力與氣質。將能力與氣質適時適地展現，其領導與管理功能也必然會有成效。

# 六、建立良好的領導與管理品質

團體的領導與管理者應以能建立良好的領導與管理品質為努力的目標。良好品質的領導與管理，不僅可展現與發揮良好的實質功能，也可成為優良的典範，並留給團體份子永遠的敬仰與懷念。良好品質的領導與管理除了上列各點，還有下列若干要項，補充說明之。

## (一)正直廉潔

領導者與管理者能持有正直與廉潔的德性是很難得的良好品質。

不少領導者與管理者因擁有權力，很容易公器私用，偏護親信及暗藏私利，失去了正直與廉潔。有權力的人，仍能正直無私，廉潔自持，就格外可貴。

## (二)寬宏大量

領導者與管理者也因大權在握，統御眾多部屬，對於不稱職的下屬，難免會不悅並加以苛責。如能適當表現寬宏大量，適當忍受部屬不力，寬恕其過錯，使其能有改過遷善的機會，再為團體效力，不失為優良的領導與管理品質。

## (三)坦率

坦率對待部屬也是優良品質的領導與管理準則。對待部屬能持坦率的態度與作風，部屬必能較準確的應對，也不會有太多不必要的疑心，才不致使團體中疑雲瀰漫，徒增緊張，消滅士氣。

## (四)富創造力

領導者與管理者能富有創造力，可使團體不斷革新進步，不致老化力衰，是很難得的優良領導與管理品質。富創造力的團體領導與管理，會較忙碌，有時會被怠惰的成員所抱怨，但畢竟比坐等老死的團體會較有良好的前途。

## (五)公平

公平與正直常相伴隨，也常被相提並論。良好的領導者與管理者必須具備以公平對待員工的作風與品質。歷史上的英名君主，常能以公平對待庶民與皇族，有所謂皇子犯法與庶民同罪。公平對待組織的成員，必能站得穩健，長久矗立在領導與管理者的地位，也必為多數

團體成員所歡迎與佩服。

## (六)誠信

　　前面所說言行一致是誠信的重要層面與內容之一。誠信是指誠實與信用。誠實必不虛假，不奸詐，不暗藏謀略。信用者必能言出必行，開出的承諾與條件必須如期兌現。有誠信的領導者與管理者必能使部屬心悅誠服，是一種高貴的領導與管理修養。

## (七)自知之明

　　領導者與管理者常將心思與眼光放在注視與監控他人，常忘記自我反省，對自己所知不明，是其角色與職務上一項重要盲點。但優秀的領導者及管理者，不僅能知人善用，也能有自知之明，瞭解自己的長處與弱點，對於長處要能善加運用與發揮，對於弱點則能知所反省與改進，有自知之明的人，其領導與管理功能必然會不斷改錯，不斷進步，是難得好品質的領導力與管理能力。

## (八)好學上進

　　良好的領導與管理能力與品質可由學習得來，好學上進者必有較多獲得與累積良好領導與管理能力的機會。好學上進的途徑不僅可由讀書獲取，此外還可由聽講、觀察、思考與試驗等多種方法得來，值得追求優良領導與管理品質者作為努力的方向。

## (九)熱愛生靈

　　熱愛生靈是指對人的敬重與關愛。優良的領導者及管理者特別要能熱愛其部屬，包括愛惜與關照其生活的全部。熱愛與關懷別人的人，必然會得到相對的正面回報。對於領導與管理功能必會大有幫

助。現代進步的領導與管理理念，都很強調要人性化，即是要尊重人的生命與生活。以人性對待部屬，必能如熱愛自己的家人一般，這是一種品質高貴的優良領導與管理。

## 七、維護團體

各種器物要能常期可用，必須加以維修與保護。團體要永續經營運作與生存，也必須加以維護。維護的責任落在全體成員肩上，但以領導者及管理者的職責尤為重大。團體維護的要點約有下列數項：

### (一)保護團體份子的利益

由個別成員組成的團體，主要的目標常著重在使單獨的份子達成以自己的力量所無法達到的目的或利益。此種團體最必要維護的目標必然也應該是團體份子的利益。唯有能維護及保存團體份子的利益，團體份子才願意繼續留在團體中，不致離散而去，團體才能持續存在。

團體份子的利益性質，視不同團體在成立之初所設定的目標不同而定，有者是供給團體份子方便個人可利用團體的公共設施，滿足個人的需求與興趣；有者加入團體純粹是為了能與其餘志趣相同的他人共聚一起，或共同活動。不同團體提供利益的種類與性質雖然不同，但為團體份子所重視與珍惜的性質則是無異。故團體要能善加維護這些利益，團體份子才有強烈的向心力，樂於共同停留在團體中，繼續參與團體的活動。

### (二)維護團體持續完成使命

工作性的團體都負有神聖且重要的使命。團體領袖與成員必須對

團體善加維護，使團體持續完成使命，團體才有存在的價值與意義。維護團體生命持續的方法與技巧有許多種。首先要**繼續**有人對團體的使命有所要求，使團體不斷有新使命需要完成，而且**繼續**由能力強的人能找出並使用可以完成使命的工具與策略。就以服務老人為使命的老人安養院而言，必須不斷有老人要求住院接受照顧，而且原來的養老院也不斷願以照護更多老人為使命或目標，更必須院方要有足夠的能力，將受託老人服務好，老人安養院才能持續長存。

## (三)調解紛爭不使造成傷害

有多數的人在一起的地方，就難免會有紛爭，團體是由多數的人組成的，內部的紛爭也在所難免。一旦發生紛爭必須能有效調解，不使對紛爭的兩造及整個團體造成傷害。萬一紛爭程度嚴重，可能導致團體分解，甚至消滅。調節紛爭的方法在本書前面有關團體份子衝突解決方法的部分已有所說明，一般經由第三者出面調解仲裁是最常見的方法。

## (四)解決公共問題

團體內也很可能出現或造成公共問題，此種問題與成員大眾都有關聯，對團體存亡也常有影響，必須設法解決，團體才能消極地避免受其波及，造成傷害。積極地要使社區公共問題能有所突破與解決，對團體才能有效加以維護。

團體為能完成有意義但困難度高的公共建設使命，常會遭遇資源不足的公共性問題。團體的領袖及全體成員便有必要設想及運用各種方法與途徑努力獲取資源，包括從團體內蒐集，以及向團體外求取援助。要能解決此種資源困難的問題，公共建設的使命才能保證完成。

### (五)使能克盡功能

團體必須維護的另一重要目標是使其能克盡功能。如果團體喪失了功能，其生命便會被宣告終結。為使團體能持續克盡功能，一方面要不斷尋找可達成的新目標，另一方面也要不斷充實達成目標的實力。

### (六)延續團體的存在

維護團體的終極目標與使命，是使其能繼續存在之要因。如果要使其消失，就不必再對之加以維護。持續功能是延續其存在的重要理由。要確實延續組織的存在，就必須要使其有組成的成員，有界限、有角色、有規範與文化等實質內容。這些工作也都是團體領袖與成員為維護團體的切實作為。

## 八、自覺與反省

團體的領導者與主管少不了要能自覺與反省，重要的內容有下列細項：

### (一)自我反省及檢討的領導與管理功能

團體的領導與管理功能，常被誤導成由領導者或管理者發號施令。卻少能重視領導者與管理者的自我反省與檢討。事實上，團體的領導者與管理者也很容易犯錯，不自我反省與檢討，就不能知錯與改錯，對於領導與管理效果與團體的功能，卻會有腐蝕敗壞的作用。

領導者與管理者的自我反省重在反思，每日或經常要捫心自問有何過錯與缺失，並能及時修正與改進。檢討的範圍不僅限於自省，

也可拓寬到由他人（包括部屬）協助揭發問題。但許多領導者或管理者常為了面子，聽不進也容不下他人或部屬的指正與建議。真是自我檢討的一大敗筆。領導者與管理者必須要能省悟，虛心接受他人的指正，有容乃大，自己的領導與管理功能才會更拓寬，更健壯。

## (二)坦誠與勇敢接受領導缺失

團體的領導者與管理者經自我反省與檢討，以及經他人指正後，不能止於只知，必須要進而能力行，要能坦然與勇敢接受並改進領導的缺失。坦然承認與接受錯誤，雖然在短時間會感到羞愧與痛苦，但比隱藏和埋沒缺失，導致長期性的失敗更為正確，也更有意義。

## (三)進退自然

人的世界沒有永遠的領導者與管理者，年齡到了要退休，做錯了事要退出。當團體領袖經自我反省發現缺失時，應坦然勇敢承認與接受。必須退去職位時，就必須表現自然，將心情保持與當初晉升時一樣怡然自得，不必怨天尤人懷恨在心。積極者可以閉關自省，痛改前非，圖謀東山再起，於未來繼續擔任領導與管理者職位，將角色扮演得更為良好。消極者則退而求其次，放棄領袖頭銜，或另謀他途，投入其他團體，也可從頭再起，不必因退出領導而搞得烏煙瘴氣。

## (四)培養優秀後繼領導者

團體的生命一般長過領導者與管理者的生命，作為團體的領導者與管理者，要能認清自己任期的有限性，要有度量培育優秀的繼任人選。包括由內部舉薦培育，或自外部取才。若能由內部舉薦，對於成員部屬會有鼓勵作用，若由外部取才，則常會有較突破性的發現與成就。

# 九、對人重領導，對事重管理

本章在前面合併論述團體的領導與管理的概念與方法，因為顧及團體需要領導也需要管理。在本章最後的部分，再進一步指出團體領袖對待人要特別注重領導的概念與方法，對待事則要特別注重管理的概念與方法。

## (一)對人注重領導的概念與方法

團體領袖對待部屬貴能用領導，尊重部屬自立性。領導部屬的要點在於正面提升其心理與行為水準，細部重點包括下列諸項：

### ◆激勵工作動機與責任

人有強烈的工作動機與責任，就會認真慎重做事。領袖能有效激發團體份子工作動機與責任的方法與技巧有不少，滿足其需求，由領導者表現良好的作風，運用良好工作策略與方法，表示熱忱的待人態度，促進團體的結合力，要有充足的資源，合適的規範，以及活動規劃與行動，都能對提升成員或部屬的工作動機與責任有所幫助。

### ◆溝通想法與意見

團體部屬都為自主的個體，每個人都有自己的想法與意見，在尊重其想法與意見時，經由善意的溝通，也能取得一致或相近的想法與意見，成為團體表現一致性行動的心理基礎。

### ◆賞識成就

每個人都喜歡自己有成就，且喜歡能被人賞識。團體的領導人對於部屬的成就，有加以關注與賞識的必要。賞識部屬成就並給予適當的補償，會有鼓勵的作用，被賞識的人也能心悅誠服。這種鼓勵對團

體的進步與發展都會有幫助。

◆瞭解團體成員的行為動向

　　要能有效領導他人，必須先能瞭解他人，瞭解其所有想法與行為動向。針對其正當的心理態度與行為加以鼓勵與讚賞，對其不當的心理態度與行為給以警戒與勸阻。能瞭解成員的行為動向就不致於造成錯誤的領導，對己、對人及團體都有好處。

## (二)對事注重管理的概念與方法

　　領導必須尊重被領導人的意願，管理則可對被管的事作較直接的干預與主宰。管理者在管理事務時，也有多種必須重視的細項。

◆有條理的規劃

　　管理事務以能順利進行為目標。管理物體則以能有秩序的存放與利用為目標。要能順利進行事務，有秩序存放與利用物體，則都要經過有條理的規劃。規劃得越精細，啟動處理事物就不必再多顧忌與憂慮，可放手進行，則對事物處理的後果也會較佳。

◆運用有效的處理方法

　　管理事物進到實際行動的階段，需要運用有效的處理方法，才能事半功倍。如果處理事物缺乏有效方法，常會徒勞無功，甚至會一團混亂。有效的處理方法也要包括適當的工具。

## (三)切實執行

　　執行是做事的重要過程。事務管理對於執行要以能夠切實為理想目標。確實執行具有數項特點：

　　1.自動自發，不必等待他人施令或督促。

2.注重細節，態度認真，不粗略不馬虎，不打折扣。

3.誠信負責，對承諾的事件一定要實現。

4.善於分析判斷及應變。

5.樂於學習新知，採用創新方法。

6.投入工作，用心熱忱，不得滿意結果絕不罷休。

7.堅忍不拔，貫徹始終。

8.顧慮圓熟，不因自己所做之事傷及他人及其做事。

## (四)檢討與解決問題

瞭解做事過程常會遭遇問題與困難的事實。故在管理事務上也要注意由檢討所做之事而發現問題，並對問題加以解決。

檢討做事的問題應兼顧得失。對於失敗的檢討則包括不慎、怠慢、疏忽、失職、犯錯、違紀、失誤等。解決問題的步驟或方法則包括：

1.認識問題的表徵。

2.嘗試解決問題的策略或方法。

3.實行對策或方法。

4.檢討實行的結果。

5.繼續使用有效的對策或方法，以及放棄和更換無效的策略與方法。

# 第十三章

# 設計、執行與評估團體工作方案

- 評量設計方案的背景情勢
- 決定方案設計者
- 設定工作目標
- 籌設工作方案內容
- 執行計畫的方案
- 評估方案的成效及其方法
- 檢討與改進工作方案成效的缺失

社區團體工作展開之前應先規劃方案，以方案作為工作的依據，才能較清楚、較順利展開工作行動。本章的目的與內容在探討有關設計、執行與評估工作團體在較短期內要展開推動工作方案的要領。

# 一、評量設計方案的背景情勢

一個方案的推動都要花費相當數量的人力、財力、物力與時間，不能設計或規劃錯誤。為能使工作方案適合背景情勢，行使正確的工作方案，則方案在設計或規劃之前，必先要先評量其背景情勢。

## (一)察看社會需求情勢與氣候

任何工作方案的推出，都要能符合社會上的需求。能被需求的工作方案，推行起來才有意義，也才能順利進展。不被社會或社區需求的工作方案，缺乏足夠的響應，必不能推行成功。社會需求會有程度上的差別，有些需求若不能獲得滿足可能造成社會危機者，表示其迫切程度高，常要被列為優先工作方案的計畫目標。

## (二)瞭解相關的團體及其活動

與特定社區團體相關的團體及其活動，可能成為某特定社區工作方案的合作者，也可能是競爭者或衝突者。若能成為合作者，乃可站在同一陣線或立場上。合作者越多，社區經營與工作起來會較容易。倘若成為競爭者或衝突者，其數量越多時，發生競爭與衝突的情況也會越激烈，其特定方案實踐起來會越加困難。

## (三)探討相關的問題

任何一個工作方案相關的問題可能不少，瞭解相關問題的主要

目的是將之解決，使方案推行起來能較順利。有些方案關係的問題勢必要解決，卻無良好的解決辦法；有些相關問題較能容易解決；但也有些方案所關係的問題相當難解，致使方案在執行時，會受到很大阻礙，失敗可能性很大，甚至會使方案必須打消。

瞭解方案相關問題的另一較重要的意義是，將有關問題的解決都合併納入方案的工作內容，使方案內容更為完備，更為周延。

## (四)認識實行方案的危險性

計畫工作方案，若能對方案的危險性先有思慮，就可避免或減少危險的發生，替工作團體及其工作的社區對象，避免災難。

## (五)蒐集類似的經驗

評量設計方案背景情勢的另一項重要工作是，蒐集過去類似的經驗，包括方案目標及方法的類似經驗等。所謂鑑古推今，參考類似的過去經驗，有助方案更正確設計，也使設定的方案能更容易執行成功。

# 二、決定方案設計者

設計工作方案是團體的重要事件，要有確定的負責人。越複雜的方案，設計者的決定必須越慎重。可能的設計者有許多種，各有合適的時機與優劣點，將之列舉並分析，供為工作團體決定最適當方案設計者的參考。

## (一)執行工作者

誰是執行方案工作者，就由誰提出方案的設計或規劃。這是很

常見決定方案設計者的方法之一。此種決定方法有其天經地義的理由或適當性。因為執行工作者與方案設計者相同，執行起來最不會有窒礙難行的問題。執行者在設計規劃時會將困難避開，以免砸到自己的腳。也因此設計者與執行者相同時，執行起來會較順利。

團體會決定由執行者設計工作方案，也另有兩種考慮或合適的情境：第一是最能執行者也是最能設計者；第二是由執行者設計，可不必另請設計者或規劃者，由是可以節省設計的費用。

## (二)專業設計師

建築工作的設計，依法都由專業建築師設計，因係顧及建築安全與美觀的問題，兩者都是建築師的專業。有些社區工作方案的設計或規劃，也有由專業性設計者設計的情形。多年以前台灣省政府地政處推動鄉村社區更新計畫時，工作方案的設計或規劃工作，都交給處內的規劃大隊、外部的工程顧問公司或學術團體進行。此種決定也是顧及更新的硬體工作涉及到土木的專業性，規劃大隊及工程顧問公司的人員多半是具有土木專業者，由其設計最能顧及土木專業技術。學術機關會參與規劃，係因對於軟體的設計會較土木工程師擅長。

## (三)社區內的人

社區工作方案常因社區人民的需要而提出，工作方案由社區內的人設計最能符合社區居民的需要。通常此種設計者是社區中具有設計規劃能力的人，瞭解計畫的性質，也具有文字或美術的能力，對村民的需求也很瞭解，故由其設計有很高的適當性。目前中央農政部門推動的農村再生方案的規劃者，多半是村里居民的一份子。這些規劃者可能是已退休或在職中的學校教師或公務人員，他們比一般農民較擅長使用文字，表達規劃的內容。

## (四)規劃小組的代表

有些社區工作方案是先成立規劃小組，再由其推出代表來設計的。小組的成員可能來自多方面，包括社區居民代表、補助經費的政府機關代表或其他協助機關，如慈善基金會的代表等，共同組成。為能方便規劃工作的進行，可能從中選派最能勝任的代表負責。

## (五)接受服務者的參與

民主性的社區工作方案的規劃，無論決定由誰擔任，都不能疏忽要有接受服務者的參與。如果不便直接參與設計，也應被徵詢願望與意見。否則方案的設計內容若未能涵蓋接受服務者的意見，會未能如其所願，實施起來也失去意義。

# 三、設定工作目標

工作方案的規劃必須設定工作目標。目標是計畫的方向與標的，也是其使命與目的。方案計畫者在設定目標時，必須注意並依照下列要點、方法與準則行事。

## (一)明確表示具體可行

方案計畫中的目標，必須要清晰明瞭，人人看了皆知其意義。不可抽象模糊，暗藏玄機，使人迷惑或容易受騙。

明示的方案目標也應具體可行，不可遙不可及，或霧裡看花，摸不著邊。可行的目標，才能方便執行，並能預期其成果，並作成效評估。

## (二)難易適中能被接受

工作方案的目標要難易適中,這是一個重要的準則。如果太難,不易達成,也不易見到成效,這種目標不切實際。如果太容易,唾手可得,也用不著太費心與太正式去追求,得到了也不可貴。難易適中是指努力工作,就一定可以達成,不努力去做就達不到。此種難易適中的目標,一般都能被各方面同意與接受。

## (三)長短時間性

前面說過工作方案都是較短期性可完成者,但在短期間內仍可分出長短期限的細部目標。如以建造工程而論,前些時間要整地、後奠地基、釘板模、紮鋼筋、灌水泥、鋪磁磚或油漆,以及驗收的明細。有此明細的目標,監工者也方便工作行事。

## (四)單一性或多樣性與階層性

一個工作方案的目標可以是單一性或多樣性。方案如果標榜單一目標,便能比較專注,也能有比較容易獲得圓滿的成就。多樣性目標可立於並行地位,但也可能由單一目標所演變並涵蓋。若係後面的情形則多樣目標之間常呈階層結構性,亦即目標之間有上下左右的結構關係。每個上層目標之下有多個下層的目標。多種目標呈階層結構性質存在時,達成時間也就有先後早晚之別。通常較低層的目標,要先達成,才能達成較上層的目標。在左右並排的目標之間也都有密切的關聯性,達成某一目標可能有助達成另一目標。

多樣目標最切忌被錯誤置放。將應先達成的目標置放在遠程或高處,將可較緩慢或後面達成的目標置放在近處或前面。這種置放或安排則呈無秩序、不合理順序的情形。前置目標的達成無助達成後設目

標，則達成的目標會顯得沒有效率，整個團體工作也會缺乏效能與效率。

## (五)可預見與評估成效

一種良好與合理的工作方案目標，應能預見其成效，其成效也確定能被評估。如果方案目標的成效不能預見，執行者會缺乏信心，設計者也未能獲得好評。方案目標若能被方案執行者清楚預見，執行者便能有效運用方法與時間，使目標能如期達成，也較容易控制全程的工作。

## (六)尊重方案工作者對設定目標的意見

方案目標的設計者與執行工作者若非相同的人，則所設計成的目標可能使執行者會有執行困難的問題。使工作者覺得設計者不食人間煙火，目標不切實際。為避免此種問題的發生，計畫者在設定目標時，應能先尊重方案的執行工作者，由其表示對設定目標的意見。目標中含有執行工作者的意見，執行起來就不會太生疏，更不致會格格不入，定能提升目標的合理程度與完成的容易度。

## (七)設定過程

方案目標的設定大約要經過三個重要過程，如下面所述：

### ◆根據評量背景情勢的結果

有此根據，設定的方案目標就比較不會盲目。因係根據背景情勢而設，故能比較適應社會與環境的脈動。

### ◆提出草案

初提的目標可當作草案，保留修正改善的空間，不致因草案正式

235

推出，造成錯誤與不可挽救的失敗。

◆討論與爭辯

　　經過討論與爭辯的目標，一定比較能經得起考驗。經過討論與爭辯的過程可去蕪存菁，可修正與放棄錯誤，填補遺漏的重要部分，一定能使正式宣示的目標變得更為完美。

# 四、籌設工作方案內容

　　工作方案於設定目標的要素之後，即可進入籌設詳細的工作方案內容。這些內容常要以書面寫成，以便備忘，並供多種相關的人同時握有，亦即寫成計畫書。計畫書的內容應包含下列許多項目：

## (一)名稱與目的

　　工作方案要有一個名稱，此一名稱要言簡意賅。包括方案的主要用意與目的。

　　前面述及的方案目標應寫在計畫書內容最開頭部分，使見者能一目瞭然方案的目的與用意。方案的目標常用列舉的方式表示，會顯得比較清楚明瞭。如果目的為多樣性，可按其重要順序或按關係的邏輯加以排列。

## (二)主持人與相關工作人員

　　這些人力除列舉名稱外，最好能說明專長與經歷。目的在使方案的評審者，能確信各個工作人員能勝任方案中所分配的職務。為能使評審者能確信所用人力資源恰當，必須將參與人員在計畫中的分工加以說明。

## (三)工作項目

　　每個工作方案必然要包括多種工作項目，方案計畫書中要將之一一列舉。列舉及說明工作項目時，除了分別單獨說明之外也必須說明其間的關係。工作項目必與人力掛勾連結。優良的方案設計，必定將各種工作分配給最合適的人。有些工作項目以圖示或表列的技術表示，可能更加清楚明瞭，值得方案的規劃者使用。

## (四)進度時間說明

　　工作方案的內容中不可缺少進度時間的說明一項，有此進度時間表，工作才有時間依據，不因缺乏依據而停頓不前，甚至嚴重拖延與落後。

　　時間說明要配合工作進度的項目。自開始時間算起，可分成若干明顯的工作階段。方案的執行者必須按時指揮帶領，使每一階段的工作都能如期完成。期中報告與期末完成，是全程中兩個重要時間，必須要明定。

　　不少方案的預算都配合進度時間分次撥發。在撥發預算時，常必須先驗收，視工作有無按時進行。有時未能按時進展，撥發預算常要暫停，以示警戒，也當作控制，以免工作怠惰或浪費預算。到了期末，如果尚未完成工作，工作者常會受到懲罰。

## (五)投入因素說明：包括人力、經費、物資與技術

　　工作方案內容必須包括投入要素及產出或效益的預計說明。投入要素主要包括四大類，即人力、經費、物資與技術。有關人力的說明，主要包括數量及特殊技能；經費的說明則包括總數額及明細用途；物資的說明重點在種類及質量；技術的說明則著重技術的類別與

水準。工作方案的內容除了分別說明各種投入要素外，更應說明各因素的配合情形。

## (六)效益說明

工作方案的效益是其產出。效益的說明最重要者是有無達到預期目的，而效益是指產出的數量及價值。方案內容除說明全方案的總效益外，還應說明每單位投入總量或總值的產出或效益，亦即是說明其效率。

工作方案的內容要將效益說明仔細，也要細說各種衡量指標與衡量方法。所指各種指標多半也都是能夠量化者。

## (七)預估風險及解決方法

工作方案的內容應能包含預估風險及解決方法，這是比較負責任的工作方案。事實上，很少工作方案能完全避免風險。惟有關此方面的內容，必要能完全公開透明且完整，不可黑箱作業，隱瞞或歪曲事實，否則風險預估就只是一種表面性、欺詐性的預估。

方案內容除了有風險預估外，對預估到的風險還須提出解決的方法，並能切實解決。對預估到的風險，若不能提出有效的解決方法並切實解決，則預估將淪為紙上空談。

對各種工作方案風險要加以解決，常會有困難，尤其當風險是因人為造成者，難解的程度更高。能製造風險者常不是簡單的人物，很可能是有權有勢者，此種風險常是方案的制定者及工作者，都難有能力招架與對抗者。當筆者寫到此段時，正值台灣的消費者與農村地區的養牛與養豬戶，為反對政府將同意輸入含有瘦肉精的美國牛豬而感到氣憤，卻無力阻擋的時刻。因為此種風險性的政策決定來自政治的高層。本來老百姓的反對，只為單純保護國民健康著想，卻難抵制來自強大的政治壓力。

## (八)應用價值

　　工作方案最能說服人並被歡迎與接受的要點是其價值。一個社區工作方案的價值，包括實質的價值及應用的價值。實質的價值是其成效；應用價值是指再引申發揮應用於其他方面的價值。工作方案的設計內容應也能包含此種應用價值。不僅要說明應用的價值，且能說明應用的方法，使願意並能夠應用者，都能方便的應用。應用的價值才能有效發揮。

## (九)製作計畫書

　　籌設工作方案內容的最終落實步驟是製作計畫書。計畫書以白紙黑字呈現，將各種計畫要點都呈現其中，無所遁形。想瞭解工作方案內容者，可從計畫書上一目瞭然，方案的執行者，也以計畫書作為準繩依據及備忘。

　　計畫書以能詳細適中、清楚易懂為重要條件。要能涵蓋良好的觀念，也要有良好的文字表達。後者也包括能作清晰的打字印刷等技術性的製作。

# 五、執行計畫的方案

　　作好方案的計畫後，就必須以能執行為依歸。計畫必須執行才能實現，未能執行與實現的計畫方案，再好也發揮不了作用。執行計畫方案必須遵照下列的若干方法與步驟。

## (一)建立作業流程

　　計畫方案的執行是一種作業的過程。作業要能順利，應先製作或

設定流程。作業流程如能製成圖表，便可更清楚表示。任何人看了流程圖表就能一目瞭然，有助工作人員對整體工作流程的掌握。當作業員換新時，也可按圖索驥，容易接手。

流程的性質會有單向流程或多向流程的差別，前者較簡單，後者較複雜。流程的方向通常用箭頭表示。流程的方向可由左向右或由上向下表示。

作業流程可作為標準作業（SOP）的依據，也可作為評估作業進度的依據。流程常要配合時間，使作業者能明瞭在什麼時間應做何事，也使評估者看作業員有無按時進展作業。

製作流程圖表時，應注意以下若干重要原則：

1.中心主軸分明，說明部分作為旁支。

2.註明各細項流程辦理時間。

3.各步驟有選擇可否或決策通過與否的註明，以免作業者感到疑惑難以應對。

4.各個流程動向要能合理。

5.如果流程圖表過於繁複，可考慮製作簡圖或簡表，亦即指出流程綱要。

6.流程順序以數字標示，使能更為明白。

7.流程都以單一入出口，且避免交叉以防迷亂，不知如何走向。

8.流程符號大小一致，同一路徑只有一個箭頭符號。

9.較複雜的流程可接頁表示。

## (二)標示作業動線

作業動線是供工作人員動作的路線。前面所指作業流程圖中的箭頭即是指出作業動線。在工作的現場也常要將動線作好規劃與標示，作業人員便可行動自如，以提升工作效率。

動向的規劃與標示可有多種形式，有直線型、鋸齒型或彎曲型等，視空間的性質及流程連接性質而定。各種動線的規劃要考慮物流搬運能暢通，更要考慮作業人員的方便與安全。

## (三)協助作業人員瞭解作業系統

由於分工的必要，每個作業人員在執行工作時可能只堅守一個職位，對於其他的職位與工作未有所知，以致未能與其他職位或工作密切聯繫與配合。執行團隊領導者或管理者，有必要協助作業人員瞭解作業的系統，使其不僅明瞭自己崗位工作的性質，也能瞭解整個作業系統的性質，以及本身的作業在作業系統中的性質。

領導者或管理者協助作業人員瞭解的方法有許多種，可藉由集會講習，將作業系統作整體說明，也可針對單一作業崗位與角色作個別講解與輔導。

## (四)提供配備設施

在執行方案的過程中，必須要提供必要的配備設施。重要的設施有建築、設備、工具、機械、用具等。各種設施的性質視要配合的工作性質而定。譬如工作是休閒娛樂性，則重要的配備設施與用具也都較偏向休閒娛樂性者。配備設施越充足，越完善，方案的執行會越順利。

## (五)實際作業

當作業流程動線都設定完成，作業人員對作業系統的性質也都有充分的認識與瞭解，配合設施也已齊全後，實際作業便可啓動。實際作業啓動時按照計畫進展，各份子各就崗位，展開扮演各自的角色，盡各自的職務。不同角色動作會有差異，並非同步進行，有人出力，

有人用腦，但差異的動作可相呼應與相配合，形成系統連成一氣，向目標邁進。

## (六)現場管理

現場管理是指用科學的管理制度、標準和方法對工作現場加以管理。各工作要素包括人力、機器、設備、原料、方法、環境、資訊等。管理者進行合理有效的組織、協調、檢測、監督、控制等動作，使其有良好的結合，並表現出有效、優質、安全、均衡、低耗費的工作效果。建築或土木工程建設工作團隊在現場都有監工負責管理工作。一般庶務性的現場管理都由小組主管或領導者就近扮演監督與管理角色，糾正各成員及其工作途中的歪曲與錯誤，以免造成太深的積弊，形成無法挽救的情況，或要付出較多成本與代價，才能救回局面。

一般現場管理都使用目視的方法，以標準規範為原則，當場直接快速糾正或作處理的行動。這種管理常寄望在基層的團隊領導者身上。

# 六、評估方案的成效及其方法

## (一)必須評估的理由

工作方案結束之後，有必要作成效評估。主要目的在衡量工作的後果與改變是否有效及有用，藉以判斷目標有無達成，是否可再延續或擴大，或應縮小。由此種衡量與評估又可供後續決策與規劃的借鏡與參考。也可解釋懷疑、滿足好奇與減少爭端。又經由成效評估也可有效運用或調整預算，不造成浪費。

## (二)目標有無達成的評估

成效評估的第一要點是查看工作目標有無達成。作此評估的方法是在工作完成時，就目標面相的實在情形與目標的距離作衡量，評估的結果可能得出「不及」、「恰到」及「超越」的不同情形。前種結果是未能達成目標，後兩者可說都已達成目標。未達成目標則當有待再加努力補救，達成目標則工作算有了交代。

## (三)衡量變好程度

成效評估的第二種辦法是衡量經過工作之後變好了多少，故比較的不是實際與目標的差距，而是衡量完成後的實際程度與工作起初的實際程度的差距。起初的實際程度要先作記錄，作為立標資料，方便完成後比較對照之用。當工作完成時，與期初比較得出變好的數量大，表示成效好。萬一不幸在完成時的成績，反而不如期初時的水準，表示不僅沒成效，反而是退步，整個工作不但沒有成效，也失去意義與價值。

## (四)投入產出效率分析：分析比較成本與利益

投入是成本，產出是效益。計算投入與產出的本益比例，可得知效率的好壞。本益比高表示效率低，反之，本益比低表示效率高。反過來計算益本比，則比例高表效率高，比例低則表示效率低。計算投入產出比例，必須有量化的投入與產出資料，才能計算本益比或益本比。

## (五)顧客與受服務者或受工作對象的滿意度評估

顧客或受服務者的滿意度高表示成效高，滿意度低表示成效低。

要得知顧客或受服務者的滿意度，最直接的方法是用調查或訪問的方法。

### (六)總合成效滿意度的評估

此種評估常先由顧客或受服務者反應或表示對成效的滿意度後，再彙集所有被訪問或被服務顧客的滿意度，而得到總合平均的滿意度。以100分為滿分，給100分者表示非常滿意，往後得分越少表示越不滿意。滿意度也可用量表表示，如以非常滿意者為5分計，最不滿意者為0分計，其中又分為4分、3分、2分及1分，分數越多也表示越滿意。由滿意度的高低，表示成效的高低。

### (七)成效意見評估

此種成效較重質的資料，較不著重量的資料。此法也常使用問卷調查方法去蒐集意見資料，所用問卷常用開放式的問題，被評估的對象包括顧客或被服務者，以及其他的人。

### (八)整理成效要點

成效評估最終該做的事是，整理成效要點，包括類別以及個別成效的程度。成效整理後訴諸文字，寫成報告，並對外公開。以此報告供為說服與取信各界，爭取扶助經費或其他用途。

## 七、檢討與改進工作方案成效的缺失

有成效方案的反面是方案失敗。對於社區工作方案執行後的評估工作，除了包含正面的成效外，也應包含負面的失敗。對於工作方案執行後果的失敗或缺失，則應加以檢討並謀改進。本章最後一節指出

檢討及改進方案失敗，應著重在失敗的內容、原因，以及對失敗謀求適當的改進方法與措施等三大方面。

## (一)探討方案失敗的內容

探討失敗最重要的方面有兩項：其一是失敗的內容；其次是原因。失敗的內容是指有關失敗的面相與環節、失敗的程度及失敗的原因與後果等，但原因是另一檢討的要點，故特別加以討論。從各種失敗的內容可以看清失敗的真相，有助追究切實的失敗原因，也有助當作前車之鑑，供日後對工作缺失的修復與改進的參考依據。

## (二)檢討失敗的原因

任何工作方案失敗必定有其原因，亦即所謂事出必有因。檢討失敗原因是負責任的工作者所應有的態度與做法。一種失敗常有多種原因。多種失敗，所有的原因的種類更多。有位美國學者研究分析數千人的經歷，發現98%都是失敗者，將其原因加以歸納，共有三十一種之多。包括遺傳因素、缺乏明確的生活意向、教育不足、缺少自律、身體不健康、兒童時期遭遇不良環境、拖延、缺乏堅韌個性、缺乏自我控制力量等。

綜合檢討社區工作方案失敗的原因，也有多種，不少失敗都出自方案工作者盲目盲從。橫衝直撞、拖拉成性、失去時機與準則所造成。社區團體居民不夠團結合作，也常是重要的失敗因素。許多由政府補助或輔導的工作方案，則在未獲社區居民充分的瞭解與支持，就加以推動實施，政府的管控能力又較鬆懈不足，乃造成無法成功的情形。上面所指都是因人的因素所造成。但也不能否認失敗的原因中也有些是由於物的因素造成的，如工作方案必要的配備不足或不當是最常見的原因，也甚值得重視。

### (三)謀求適當的改進方法與措施

　　檢討失敗不能只做到瞭解失敗的內容與原因爲足，更需要進一步謀求適當的改進方法與措施，檢討才能發揮實際的正面幫助效果。要謀求有效改進，則必須找到並掌握適當改進方法與措施。參考前面的檢討，針對人的因素，要謀改進的有效方法必須從改善人爲態度與行爲能力著手，將改善工作者、社區居民、政府官員的心理態度及治事能力當作重要的有效方法。針對物的因素，則要將獲取與充實適當的物力當作重要改進方法與措施。

# 第五篇

社區內個案工作
方法與技巧

個案工作是社區工作較細微的部分。這種工作的對象，常落實到社區內的個人與家庭。但並不必將社區內所有個人與家庭都列為工作的對象，只需要針對有問題與有需求者。在本篇第十四章先論及對個案的選取及案情的瞭解，再進而提出四項合併成兩章探討社區內個案工作的重要方法與技巧。四類社區內重要的個案工作與技巧是諮商、輔導、照護與救助。

# 第十四章

# 選擇個案與瞭解案情

- 個案與個案工作的性質
- 個案的搜尋
- 瞭解案情
- 瞭解案情的方法
- 可能的案情與工作方向
- 個案所在場域
- 借用其他個案

　　社區中個案工作的對象是個人或家庭，但個人與家庭的數目眾多，工作的資源有限，故不是每個人或每一家庭都需要也非都能夠接受工作或服務。必須要加以選擇，只對適合的個案提供工作與服務。

# 一、個案與個案工作的性質

## (一)個案工作對象

　　社區內個案工作的對象，多半都由下列特性之一選取：

1. 有問題的個人或家庭：可能的問題包括貧窮、失業、殘障、少數族群、暴力受害者等。
2. 有需要者：包括主觀的需要者與客觀的需要者。主觀的需要者是以自己的心意認為有需要接受工作與服務者。客觀的需要者是其條件適合但並未主動要求接受服務工作者，此種人常是因為謙卑、退縮而不願意主動提出要求福利與服務。
3. 有疑慮者：心裡常煩躁不安，鬱鬱寡歡，疑神疑鬼的心理異常者。這些常被選定為心理諮商與輔導工作的對象。
4. 有危險者：有暴力傾向、吸毒、危害公共安全及他人生命安全者，或是身處在危險中的個人或家庭也常是必須接受勸戒、輔導或保護等個案工作的目標。

## (二)特例而非通性

　　社區個案工作對象的另一特性是選擇特殊性的個人或家庭，亦即在前面所論述的有特殊問題、需求、疑慮或危險性的特殊個人或家庭，並非一般性的個人或家庭。因為特殊性的個案在生活與工作上較難適應，必須有人幫助其應對與改善。

### (三)一對一面對面

個案工作對象都為單一的個人或家庭，故在工作過程中，多半與工作者一對一面對面的情形，此種方法才能深刻有效。由於一位工作者的工作個案可能有多個，工作者為了某些特殊目的，有可能同時將手下的工作對象集合在一起，但這種情況不會很多。當會集的個案數量多，同質性又高時，便可能較適合使用團體工作方法。

### (四)深入瞭解

個案工作的另一特性是工作者對被工作者的情況能有較深入的瞭解。因常處在一對一面對面的情況，有較多觀察與瞭解的機會，有問題也能立刻溝通，故能較深入的瞭解。

## 二、個案的搜尋

社區中接受照護、諮詢、輔導等的個案，先要能確定，而後才進入工作的階段。個案的確定，可由多種方法搜尋得來。本節就多種搜尋過程的性質逐一說明如下：

### (一)工作者發現

較主動、較積極的工作者，親自發現適合工作對象的機會很大。工作者主動搜尋並獲知合適工作或服務對象的過程和方法也有很多種，包括在社區中細心觀察探訪，經工作個案的介紹，有系統、有計畫調查，或向政府相關機關取得資料再加分析判斷與選取。

## (二)社區呈報

社區的領導者與幹部，或通報系統的工作人員，就其職責所在，將社區中適合接受各種個案服務的個人或家庭，向公私立相關主管機關、服務機關或社區工作人員等呈報。包括將名單及其存在問題的情況等據實呈報，使能與工作機構的人員接頭，並獲得注意與接受，成為被工作或服務的對象。

## (三)媒體揭露

各種大眾媒體，如電視、報紙、雜誌與廣播電台等，因記者的熱心與關懷，以及媒體功能的強大有力，常能揭露社會上的陰暗面，以新聞或專題的方式對外公開報導，引起外界的注意與關切，由是成為社區或社會工作者的關注及工作的對象。

## (四)個案申請

有些個案能夠受到工作者的注意與關切，是由個案向有關的公私機構提出申請。申請者在進行申請之前，先要瞭解相關條件以及申請目標與程序，將申請資料準備妥當，便可提出申請並等待裁決。

自從政府的福利行政工作比較普及以後，自動申請補助及其他服務的個案也逐漸增多。不一定每份申請個案都能獲准，但有提出申請，就有獲准的可能性。

## (五)其他資訊與來源

除了上列四項搜尋並獲得個案工作個案的辦法之外，從其他的資訊來源，尚有可能得知適合進行個案工作的對象。其他資訊來源有可能經由制度性的活動，也可能得自偶然的機會。有心振興社區個案工

作者，應能知所搜尋，對搜尋到的資料也須妥善對待與運用。

## (六)可能的工作對象

參照過去個案社會工作或社區工作的對象，種類有多種，重要者有兒童、青少年、老人、身心障礙者、勞工、原住民、新移民、吸毒者、罪犯、更新人、貧窮家庭、暴力家庭及苦難家庭者。針對不同種類的工作對象，工作目標不同，方法與技巧也不同。

# 三、瞭解案情

找到或獲知工作個案後，對其案情要加以瞭解，才能針對要害，作有效並較完整的服務。必須瞭解的重點包括下列這些：

## (一)問題重點

每一個案之所以必須獲得幫助，因有難以自理的問題存在。個案工作最先要瞭解的是這些問題的重點。各種問題都有其特殊的重點，而其重點又各有不同的程度，就以貧戶的貧困重點而論，有極嚴重的所謂一級貧戶，以及相對較不嚴重的二級及三級貧戶等。工作者對於個案的問題重點能認識與瞭解更清楚、更確實，便能給以更正確、更有用的相關服務與幫助。

## (二)原因

造成個案難以自理的問題必有其原因，有些問題的原因也不只其一，有遠因有近因，有直接原因，有間接原因，有內在原因，也有外在原因，有外顯的原因，也有隱藏的原因，有單純的原因，也有複雜的原因。複雜的原因又常具有結構的性質，亦即有些原因在較底層，

又有另些原因是在較上層的情形。

工作者包括規劃者與執行者對於這些造成問題的原因，都要能有明確的瞭解，才能有解決的對策及處理的方法，各種問題也才能得到應有的處理與解決。

## (三)特性

各種不同個案重點問題各有其不同特性，貧窮者的特性是缺乏資源，無法過正常日子；疾病的特徵是身體可能疼痛，且行動不能自如；老人的特徵除了可能多病以外，體能也逐漸衰竭。不同問題特性的背後也都附帶不同的工作與服務需求。

## (四)關聯

每一需要工作的個案並非絕對單獨孤立存在，而是有許多的關聯。個人的案件直接關聯到家人或朋友。家庭的案件將會關聯到親戚及左鄰右舍。關聯不僅及於後果，也關係到造成原因，但較重要的關聯是受其案情重點的牽累。就以病患的家屬而言，當病患無法自理就醫住院等事務時，卻需要家屬作陪。貧窮家庭無法度日時，也以向族人、親戚或左右鄰居伸手求援最為可能也最必要。

個案的問題較小的情況，受關聯者的範圍與程度也較小。問題較大，受關聯的範圍及程度也較大。吸毒好賭的浪子，常會導致傾家蕩產，難以翻身，關聯可說不小。歷史上有些犯罪要被株連九族，關聯也不可謂不廣。

工作者瞭解各種案情關聯的目的，在於能助其不使案情順勢擴大，並能協助縮小關聯範圍，降低對社會的不良影響與危害。

## (五)後果

　　每種工作個案的形成，有其造成原因，也必會有後果。有問題個案造成的後果多半負面多於正面，不良者多於良好者。後果與影響，不僅及於本身，必也影響到身邊的人、家庭、團體、社會及環境。社區個案工作人員若能詳知其層層後果，更能明瞭如何正確防患與治療，以能化險為夷。如果也能進一步明瞭少有的正面後果，並能順勢引導，使其發揮，則工作的功能會更為可貴。

## (六)需求

　　多半個案的案情必與其福利與服務需求有密切的關係。但有時個案並未能明白表示需求，或對需求會有不及或過度的不當表示。個案工作者必須明察秋毫，能夠以慧眼看出其真實情形，助其解除疑團，正確表達需求，並能滿足正確的需求。

## (七)程度

　　上面各種有關個案案情的面相，都有不同程度。工作人員不僅要瞭解其性質，也要明瞭其程度，方便作適度的協助或應對。各種程度若能量化會更精確。工作者在瞭解案情時，也能從量化程度方面著眼，必能有更精準的拿捏與判斷。

## (八)有效的處理與應對

　　個案工作者瞭解案情的各種面相與枝節，不是最終目的，而是為能作有效處理與應對的借鏡，最後的行動是要針對案情的細部作適當的處理與應對。包括如何幫其取得應有的福利與服務，以及工作者本身如何適當參與服務等。

## 四、瞭解案情的方法

前面論述必須瞭解案情的層面，對各層面的案情要能有效的瞭解與認識，必須要知所使用有效及適當的方法，於此指出若干有效的方法及使用要點。

### (一)直接觀察

經由直接觀察來瞭解案情的真相是最省時、省力及省錢的方法。觀察的目標是個案及其周遭的人物及環境。作此觀察對其問題重點原因、特性、關聯、後果與需求等的真相不難看出大概。有些細微的部分較不容易以肉眼觀察清楚，但明眼的人也都不難看出與領悟到。

人在觀察時會有被誤導的危險性，但多半的社會工作個案少有誤導工作者的居心與能力，萬一有誤導情形，有賴工作者能用心得出真相，以免受騙。

### (二)訪問與會談

訪問與會談是可以補助觀察不足的良好方法。訪問是指工作者使用直接面對面或間接經由電話、郵寄問卷的方法，向受訪問者蒐集資料。會談也是指面對面談論相關事項，以助瞭解問題或事件的真相。就訪問與會談兩種方法的更詳細性質再作較多說明如下：

◆訪問

訪問是一種較正式的蒐集資料方法，常要事先告知受訪者，甚至也先告知要訪問的問題或內容，使其事先能有準備，使訪問過程能較容易進行，獲得較豐富的預期成果。

訪問較複雜的問題常要使用問卷，此種方法是將訪問者想要瞭

解的事項及其期望答案的方式，設計成問卷或調查表。訪問時隨身攜帶問卷，逐一提問，當場獲得答案，並記錄在問卷中。使用問卷的訪問，可設計些結構性問題，向不同個案提問相同的問題，於全部訪問都完成後，可將不同個案回答的結果，製成量化的統計分析。問卷中還常設計些開放性問題，由被訪問者自由回答，暢所欲言。此類問題的設計常因預測不同受訪者的答案可能大為不同，難作統一性的結構處理，可由受訪者天南地北回答，記錄之後再作整理。

## ◆會談

會談是指直接面對面的對談，或透過媒介以聲音相對，也是訪問的一種方式。會談者可先約定時間碰面，就重要問題交換意見。當社區工作者會談的對象為被服務者時，通常是由工作者至被服務者所在地與其會談，亦即所謂家訪。但也不無由受服務者或受工作者至工作者的工作地點會談的情形，亦即所謂工作室會談。

使用會談方法蒐集資料有多種好處：(1)面對面對談，有疑問隨時可提出並解決；(2)經會談過程，有相互往來的問答與溝通，對問題的瞭解都能較為深入；(3)會談因事先約定，故方便在當場安排有助會談進行的補充人物、器材或資料。但使用會談的方法也有一些缺點，雙方能一致同意的會談時間、地點與方式有時不易敲定；(4)會談時有時常花費一些瑣碎的準備工作，花費時間，甚至金錢；(5)若會談是使用電話為媒介，缺點更多，因時間不能太長，故得到答案都很浮淺，也容易被拒答。尤以近來詐騙集團常假借電話行騙之後，由電話會談獲得資料的難度更為提高。

不論使用訪問或會談，能有良好的技巧，必可較順利獲得較佳資料。就訪問的技巧言，重要者包括瞭解受訪者，使受訪者能自由表達意見，使用輔助器材如錄音機，事前試測，致謝小禮物，聆聽受訪者說話。會談的重要技巧則要重視雙方的互動，語言要能溝通、敏感觀

察及應變，主動表示與誘導，當面質疑或糾正錯誤，導正話題，立即回應對方問題等，都是有助會談進行的重要技巧。

### (三)向相關他人、團體或機關搜尋

個案工作人員要瞭解案主，也可由其相關的他人、團體或機關搜尋資料。如果要瞭解的案主本身無法回答問題，最能代表其回答問題者是其家人。案主也會有可能不願讓人知道的祕密資料，其本人或家人可能也不願意透露，或許可由其熟知的朋友或鄰居得知。

案主若曾參加過團體或組織，必會留下些痕跡。包括其為人處事的態度與風格，或個人的若干基本資料。工作者或訪問者，可從團體組織的管理人或其他成員獲知一些訊息。

人在社會上必然與若干政府或非政府機關有關係或往來，故在這些機關中也都會留下一些資料，個案工作人員也可能從這些機關獲得可能有用的資料。例如有關家人、家族及遷移、婚姻等人口資料，可從戶政事務所獲得。有關健康疾病的資料，醫院的病歷會有紀錄。有關收入、財產資料，分別在國稅局及地政事務所會有資料。學校則留下求學歷程的紀錄。工作過的機關，也會留下工作態度及行為的紀錄。個案工作人員要取得這些資料會遭遇到倫理上的問題，需有正當與充分的理由與程序，相關機關才有可能提供。

## 五、可能的案情與工作方向

### (一)可能的案情

社區工作者所做之事，常是社會工作性的。依社會工作的原則及倫理規範，其工作對象都傾向專注在行為失能或偏差的問題人物或

家庭。個人問題與家庭問題常連結在一起，有問題的個人常牽連到全家，家庭有問題，個人也難幸免。

本節列舉若干社區工作的個案工作人員可能要面對的案情對象加以說明。

◆逃學中輟

不少處在叛逆期的青少年會有不喜歡上學唸書的傾向。因而會有逃學，甚至中途輟學的情形或問題。更嚴重者常在校內外惹事生非。父母因為工作忙碌，或根本缺少父母的管教，若不得不轉由政府照顧，職責都會落在社工人員的身上。

社工人員對於逃學或中輟學生的工作方法多半重在輔導、監控，以及聯繫相關機關，取得學校、就業機關、治安機關或司法機關等的相互協助。

◆叛逆

常見的叛逆行為可能發生在親子及其他家人之間，其中以青少年叛逆父母、祖父母或其他長輩的情形最為常見。叛逆者不聽管教，以語言甚至暴力對抗，長輩失去管教的效果，不得不求助社工人員的協助。

社工人員遇到此種個案，也不外是直接介入，展現專業予以勸止輔導，或安排心靈導師，引導其修心養性，改過自新，使能成為較順從聽話的好小孩。

◆打架滋事

此種問題以幫派份子最易發生。打架滋事者常會傷人安全及生命，社區人員必須非常勇敢才敢介入勸導，因為危險性高。此種對象常由治安機關主導管理，社工人員處在協助角色，會較為妥當。

### ◆懶散與遊手好閒

生活懶散與遊手好閒常是造成問題的開始。這些人可能成為失業者與貧窮者，若再加上脾氣不好，便可能發生較嚴重的事端。對於這些個案，社工人員不一定非插手不行，但若能協助其改變行為，成為勤奮的工作者，對其個人及社會都是好事，也很值得社工人員將其作為可能工作的對象或案主。

### ◆吸毒

近來台灣吸毒人口不少，以青少年最為常見。政府將吸毒者視為罪犯。當吸毒者在毒癮發生時，很容易造成事端。對於吸毒者法律有明定的處理與管制辦法，其中勒戒是最重要的處理方法，強使其戒除惡習，成為正常的健康人。在勒戒所中也常有安排社工人員協助個案改變心理與行為，使吸毒者能較快速康復，且較能保證日後不再犯忌，並較有效適應社會上的正常生活。

### ◆失業

失業者會求助於社會工作者，社工人員也常將輔導失業者使其就業當作重要工作。社工人員輔導失業者就業的方法有兩種重要途徑：一種是引導失業者參與就業技能訓練，增進就業與工作的能力，以備實際就業之用；另一種是聯繫就業機構接納失業者，此項工作常需要透過政府就業輔導機構的協助，作較有效的聯繫與辦理。

### ◆偷竊搶劫

此種個案常於事發後，會被判刑入獄，社工人員可能透過駐在監獄，伺機給犯者展開勸導改過向善，或直接間接輔導罪犯生產技能。也可能受治安或司法機關邀約替竊盜犯人開講，啟發心靈，改善行為，或藉由辦理有益活動，使犯人於出獄後能洗面革心，自力更生，以適應社會生活。

◆其他罪犯

犯罪行為形形色色，除了前面所說的吸毒、偷竊搶劫者外，還有不少其他原因造成。作奸犯科、殺人擄人及詐騙行凶者都可能進入牢房。近來監獄方面對於社會工作有漸多認識，也有漸多社工人員的編制與駐進協助。在監獄內可展開的社會工作方式與種類很多，除了使用言行勸善、矯正及用雙手指導生產方法之外，還可用愛心感化支持、運用社會關係、聯繫相關資源贊助等多種工作角色與方法，協助監獄中的犯罪者恢復正常，預防再犯，使其能發揮潛能，對社會有所貢獻。

## (二)工作方向

個案工作人員對於各種可能的案情或處遇可用的工作方法也有很多種，協助、諮商、輔導、救濟與照護等是常見的重要方法與模式。本書在最後兩章會將這些重要工作方向作較詳細說明。在此僅就這些可能的工作方向先說明其要義。

◆協助

社區內的個案工作是對案主作些直接或間接的協助，直接的協助是將協助與服務直接達到受協助者或受服務者身上；間接協助則透過較間接的方法或途徑來協助個案，如透過社會福利行政、社會議題倡導，以及社會政策與立法的遊說等。

◆諮商

諮商是指透過諮詢商談的過程來改變或調整心理狀況，使心理上能有較平安與自在的感受。在諮商的過程中，案主能將內心的感受說出，請求協助。諮商專家以能表示較高明的見解，才能使案主感到滿意。

◆輔導

個案工作中的輔導依照美國輔導學會的定義是，指應用精神健康、心理學及人類發展的理論與原則，透過認知、情感、行為及系統性的介入方式，對事主或案主提出並強調個人的價值、成長、事業發展，以及心理疾病的矯正等。

◆救濟

社會工作人員所做的救濟工作是社會救助的性質。此種救助是指政府或其他社會機構，對於自然災害受難者或社會上的弱勢者，如貧戶、低收入者、失業者等給予物資救濟及精神支助等，使其能維持基本生活需求，保障其最低生活水準，也具有實現社會公平及維護社會穩定的意義與作用。

◆照護

社工學界所指照護是指由專業人員或機構對社會上失去自助能力的弱勢者的照護，包括對失能的老人與病人作健康上及生活上的妥善照顧與服務。照護的時間常是長期性，故常稱為長期照護，也常要服務與照護到家的情形，稱為居家照護。照護也常依照醫學及護理學的知識與技能來改善或維護老人及病患的健康，則稱為健康照護、醫療照護或護理照護。

## 六、個案所在場域

瞭解個案案情的另一重要面相是其可能所在的場域，亦即會發生在何種地點。瞭解此一情況有助於取得個案來源，發揮專業功能。參照前述所指可能案情的類型，可知其所在場域或存在的地點，有下列重要的數種：

## (一)學校

問題學生來自學校，學校中常出現霸凌、中輟、逃學、學業落差、情緒不穩、繳不起學費及營養午餐費、家長失和、交友不慎等問題的學生。除了校內的導師、學務處或教官等能給予扶助外，也常需要有社工人員參與服務與輔導，使其能更有效解決問題。使學生能把握學習機會，並發展潛能。

## (二)醫院

醫院的病患中有重大傷病者、身心障礙者、中低收入者，都需要有社工師協助其辦理社會福利行政上的事務。由社工人員幫其與醫務人員之間，以及醫院與社區或政府之間搭建橋樑，並安排病患的生活，使其能走上治癒及健康幸福之路。

## (三)監獄

監獄中的罪犯也很需要有社工人員給予協助。社工人員在對監獄的犯人可扮演多種角色。前述已列舉社工人員對監獄中的受刑人可以輔導及服務的多種方向。黃永順與邱明偉在一篇〈監獄社會工作角色定位與模式建構之芻議〉論文中，將其角色分成四類十餘種。即第一類是提供治療處遇的角色，包括臨床處遇者、教育者、催化者、支持者；第二類是監獄發展維護角色，包括顧問、合作者、調停仲裁者與倡導者；第三類是社區連結整合角色，包括社區處遇者、資源管理者、政策發展者；第四類是研究角色，包括研究者、研究成果使用者，前者研究監獄矯正政策、方案或計畫評估等；後者則推廣研究的成果。

## (四)勒戒所

勒戒所編列社會工作員的專業職位，因為煙毒犯也很需要社工人員的幫助。社工專業在勒戒所的工作性質約有四大內容：一是家庭訪視；二是評估及擬定處遇計畫，按計畫作多元的輔導及戒除毒癮工作；三是個別晤談及團體輔導，藉以消除及減緩心理症狀；四是促進受戒治人的人際關係與家庭的社會功能。

## (五)遊民收容所

在貧窮的社會、貧富不均的社會以及移民的社會，常會出現無家可歸的遊民。政府對於遊民的處理有設置收容所的措施。收容所中的遊民也很需要有社會工作的服務。遊民成為個案社會工作的重要對象。社會工作者對遊民的服務可有多種方法，包括辦理活動，使其打開心房，與人接觸；幫助遊民聯繫政府、社會福利行政機關、社會上各種慈善團體及醫療團體等，救助遊民食物、衣服、用具及診治疾病等。

## (六)街頭暗巷

都市社會的街頭暗巷經常隱藏一些問題人物，包括未被收容的遊民及潛在的犯罪者。這些人物也是社會個案工作的可能對象。其所在地方也可能是社會工作的重要場域。個案社會工作人員面對這些街頭暗巷的問題人物，最能給予的幫助或工作應是，揭露其苦處，獲得社會的關懷與同情，並能伸出援手給予救助。要能揭露街頭暗巷的遊民及其他人物的問題，經由研究與報導是重要的途徑與方法。

## (七)家庭

　　許多個案社會工作的場域是在家庭。貧窮、失業、孤苦無依、失能以及暴力相向、關係不良等失和的家庭，都需要社會工作人員給予輔導與幫助。社工人員幫助家庭可直接由勸說、諮商等方法介入，也可間接引介其他幫助團體創造機會或解決難題，使案主能減少問題，過較正常健康的生活。

# 七、借用其他個案

　　社會個案工作在初步尋找個案與瞭解個案的過程中，也有必要借用其他個案。主要目的有下列三項：

## (一)比較用

　　借用其他個案的目的之一是，用為與本個案作比較。藉由與其他個案比較，更能突顯本個案的特性。從比較得知性質不同後，又可進而加以歸類，得出類型的差異。

## (二)示範用

　　選擇比工作個案更為優異的其他個案，可當作示範之用。示範的個案對於工作的個案常會發生影響，稱為示範效應。示範個案對工作個案的影響或效應是，對工作個案會有正面的激勵功效，使其向優質的示範個案學習，增進本個案成功的機會與速度。

## (三)協助用

　　選對並借用其他個案，可對本個案產生協助的功效。能對本個案

產生協助功用的其他個案，除了可當示範者外，還可作為合作者、支持者、供應者或消費者等。這些角色對本個案都有可能產生直接或間接的協助功效。

# 第十五章

# 諮商與輔導的方法與技巧

- 心理諮商的重點與範圍
- 非心理性的諮商要項
- 諮商者的人格條件與角色
- 個案諮商的七大原則
- 輔導的定義、策略、方法與技巧
- 重要輔導對象與其問題的性質
- 可能的輔導工作者

諮商是專業性的談話過程，由有專業訓練的人員與求助者作有目的談話與溝通。目的在協助求助者瞭解自己，進而能自我成長，解決問題並克服困難。諮商的內容性質常偏重心理性的，但也有非心理性的諮商。

輔導則是應用各種人文與社會科學原理，透過認知及情感行為系統，幫助事主重視與促進個人的價值，成長與發展並能治療心理的疾病。輔導與諮商的意義大同小異，諮商是較偏重心理層次的輔導，廣義的輔導也常擴及到技能方面的幫助與指導。諮商與輔導工作常以個案作為對象。

# 一、心理諮商的重點與範圍

心理諮商的重點與範圍約涵蓋七大方面，將之列舉並說明其重要性質如下：

## (一)心理性診斷

心理諮商的重要事項之一是，由心理專業者為求助者診斷心理上的病徵，包括瞭解病情及原因。診斷時常使用心理測驗量表加以測量，目的在瞭解病情的方向與程度，以便作適當的矯正或治療。

## (二)預防偏差

諮商的目的不僅止於診斷心理狀況，進而根據診斷的結果，採取預防心理上及行為上偏差的做法與對策。對於有心理及行為偏差傾向者若能及早預防，可免除不幸發生事故，對於求助者及其周圍的人，都是一大幫助與幸運。

## (三)行為修正

對於行為已經偏差的求助者，給予心理諮商的要點必須著重在行為矯正上。小孩與大人的偏差行為會有不同，在小孩的階段容易犯上、發脾氣、說謊、言行不一。在大人階段會更嚴重，可能會有偷竊、酗酒、賭博及性侵等。諮商行為矯正必須使用有效方法與程序，才能有效幫助偏差人。重要的矯正方法包括提前預防、正面強化、反面強化、懲罰、消除等。對於不同偏差行為或同樣偏差的不同行為者，有效的方法可能會有差異，對於愛好面子的偏差行為者，使用一兩句刺激的語言，可能會使其感到羞恥而停止再犯。但對於頑劣的偏差者，處以重刑，都還可能產生不了作用。

## (四)排解障礙

對於身心障礙的求治者，諮商的主要目的是幫助其排解障礙。身心障礙有多種不同情形，從顏面、肢體、腦部、智力到心理都可能因損傷而喪失正常機能，影響其活動及參與社會生活。嚴重者會領有殘障手冊，得到政府的特殊福利與照護。

對於身心傷殘者，重要的諮商內容與方法，包括協助其對殘障狀況的調整，協助其職業探索及進行職業生涯計畫，協助其建立家庭及社會支持系統，以及協助其家人的調整等。有關協助建立社會的支持系統，特別需要協助其獲取社會福利與照護。

## (五)治療疾病

心理諮商對於生理疾病的治療功能較為有限，但對心理疾病則可能達到良好的效果。對於心理病患可由諮商過程瞭解其病情及病因，因而也能找到有效的治療方法。諮商者都有某種專業能力，或許可直

接給予求助者心理治療。也可經介紹轉移給心理醫師或精神科醫師治療。

心理治療要能有效，必須與病患建立特殊的人際關係。經由對話、溝通、探索而瞭解個案。進而幫助其減輕疾病的症狀及主觀的痛苦經驗，促進心理健康及人格的健全成長。

參考已發展的心理治療學理，有多種派別：(1)心理分析治療，重要的技巧包括由自由聯想，轉移、反轉移及夢境解析，藝術治療，分析在家庭中的排行及其生活風格等揭示其潛意識的焦慮；(2)運用家族關係或性關係等的團體心理治療；(3)運用語言的治療法等。

## (六)矯正缺陷

心理諮商的另一重點是，矯正缺陷。缺陷者反應不完美，但不一定偏差。人的生理或心理會有不少天生遺傳的缺陷，也會有因後天不調而造成的缺陷。有生理缺陷的人，不一定會有反社會的偏差心理與行為，但卻會有退縮、消極、憂鬱、悲觀等的心理弱點與負擔。嚴重者也會造成心理缺陷或偏差。

心理諮商者能給予生理缺陷者的重要幫助是，糾正其不正確、不健康的負面感受與想法，減低緊張與不安，調適人際關係，心向陽光，恢復自信。

## (七)對抗壓力

現代人的生活緊張，競爭激烈，社會複雜，精神壓力都不輕。壓力過大會損害身心健康。對抗壓力的途徑之一是找專業者作心理諮商。諮商師也常協助求助者找出辦法對抗壓力。不同的人壓力不同，同一人在不同的時間壓力也不同，故有效的應對方法也不同。最簡單的辦法可從深呼吸開始，但最好的辦法是養成健康的興趣。有些找到

有效紓解壓力的方法不健康，如抽菸、喝酒或嚼檳榔，到頭來很容易傷害身體，心理諮商專家也不宜建議。

## 二、非心理性的諮商要項

求助諮商者也有不少是因非心理性問題所引起，重要者有下列這些：

### (一)健康管理

此處所謂健康是指身體上的健康。求助者最喜歡諮詢健康的對象是醫師、護理人員、營養師及美容師等。被諮商的社工人員也必須具備較充分的健康知識與技能，才能較受歡迎與被滿足，否則只能盡到協助介紹適當的諮商對象。因為醫師及護理人員的專業工作都很忙碌，少能再兼作諮商的工作。惟近來卻也常見專科醫師被請上電視作些病理及醫療學理的講解，類似諮商工作，但其被諮商的對象是社會大眾，並非只限個人。

### (二)功能協助與發展

求助諮商者也可能包括各種功能的增進與發展。重要的功能包括生產技術功能及生活功能。功能的種類千百種，求助諮商的對象以具有專業知識與經驗者最為合適，但社工人員也可能會常面對或被要求諮商。稱職優秀的社工人員顯然要多充實多種專業知識，至少是相關的訊息，以備未能直接給予諮商時，也能間接提供或媒介適當的功能諮商者。

## (三)危機處理

　　每一個人都有經歷危機的時候，遇到危機時，都容易緊張不安，並期求能快速處理度過。自己遇到危機又不能拿定主意處理者，很需要向他人諮商請教，危機的種類很多，有屬個人的及機構組織的。個人的危機又有身體上的、社會情境上的及自然性的。機構組織的危機也分為內部及外部的危機等。危機發生時使人感到有壓力，身體上或生活上會頓時失去平衡。

　　人要有效處理危機，最有效的辦法是平時作好準備應對，亦即所謂「危機管理」。處理危機的時刻卻常很緊急迫切。人對危機處理的諮商也可分成平時的管理諮商及緊急時刻的處理諮商。前者則在平時多聽專家講解危機管理方面的知識與經驗，後者則在危機發生時找尋有經驗、有能力的人協助提供處理的方法與技巧。

　　受諮商者能提供危機處理的重要方法與技巧不外下列這些：

1. 預防與準備：此種處理方法是事先掌握可能發生危機的情勢，並作預防或解除的準備。

2. 避免或降低捲入的機會：看出有危機後，能免則免，能避則避，不能避免則想辦法減輕。

3. 圍堵或抵制：對於極度危險性的危機，發生後處理的良方是，將其圍堵或抵制，使其不再擴大，以免造成或爆發嚴重危險。

4. 融和化解：使用融和的對策，將危機化解。融和的策略或技巧有如施用解毒劑。當接觸毒藥後，使用解毒劑可使毒藥變質成中性或無毒性。

5. 轉移危機恢復正常：所謂四兩撥千金，是指將危機推拿到別處或體外，使本身恢復正常。因為危機非常鋒利、惡毒，一旦發生難免傷人。化解轉移，不傷自己，卻可能傷及別人。為道德

計，也應能推己及人，在為自己處理危機時，也應顧及不傷及無辜者。有良心的諮商者應也能顧慮及此。要當一個有良心的諮商者，而不是只當一個黑心的狗頭軍師。

## (四)問題解決

每個人碰到的問題有千萬種，需要求人諮商協助解決的問題，通常都是自己無法單獨解決的問題。求人諮商協助解決問題的重點，多半最需要知道有效的解決方法與過程。每一種問題的解決方法有很多種，而每一種方法的解決過程常要經過嘗試檢驗。如果嘗試失敗，便要再使用別種方法。諮商者若有較充分的知識與能力，提供的方法便能一試即成功，案主就能較有信任感。

## (五)技能訓練

功能性的諮商也常涉及技能訓練。由諮商者提供案主所需要的技能，並對之加以訓練，使其熟悉技能並知所運用。對於就業，或從事生產及生活，必定會有幫助。

## (六)生涯規劃

生涯規劃是指規劃生涯或職業目標與生活方式。合適的生涯目標與生活方式一定要配合個性與能力。因此諮商者要幫助求助者進行生涯規劃，必須要先能瞭解其個性及能力，再依其個性與能力提供合適的生涯或職業目標及生活方式的規劃建議。

## (七)親職教育

親職教育是指父母對子女的教育，包括教育子女的知識與技能。父母要能作好親職教育，必須在言教、身教與制度教育方面下工夫。

諮商者可協助身為父母者對親子教育有正確的認識，並能鍛鍊與控制自己，表現良好的言教、身教與社教，使父母能收到良好教育子女的效果。

## (八)完成任務

每一個人都有待完成的任務，主要任務來自職場、家庭、社會或國家。人要能順利完成任務，需要有足夠的能力與責任。惟有些人卻不一定能有此認知或具備該有的條件。諮商的要點即在協助求助者增進該有的能力與責任。有足夠的能力與責任，對於各種任務便較有完成的可能。

# 三、諮商者的人格條件與角色

前面兩節論及求助心理性及非心理性諮商的重點，也都是諮商者必須具備的知識與能力，具備這些知識與能力才較能應付自如。但只具備知識與能力，並不保證具備良好的諮商條件與角色。諮商的工作相當特殊，工作者在人格特性上，要能具備若干重要條件，才能較合適扮演諮商者的角色。本節列舉這些重要的人格條件與角色，並說明其道理，以便供有心意與志願擔任諮商工作者的參考。

## (一)關心他人

求助諮商的人常因心中有結，需要他人幫助解開。解開他人心結是一種相當繁瑣的工作，必須工作者能關心他人，將他人的事情與麻煩看成如自己的事情或麻煩，才能耐心與情願幫人打開心結。如果關心不足，耐心就會有限度，遇到麻煩瑣碎的諮商問題，常會不耐煩，而不願給予諮商。

## (二)負責任

人要負責任才能忠於所做之事。諮商者能負責任，才能提供求治者良好的諮商服務。負責任的人做事不會投機取巧，不會中途放棄，不會隨便交差，一定要將事情做得完美。所謂「負責為治事之本」，諮商者若不能負責任，可能中途棄人於不顧、將他人祕密外洩、不關心他人的感受，對於求助者會有很大傷害。

## (三)接納他人

接納他人是指接受並收納他人。諮商者接納求助者，表示從心底願意幫助求助者，聽他傾訴苦楚與問題，幫他解決心中的疑慮與問題。諮商的專業工作者要具有接納他人的心理人格特質，且不僅只願接納某特定類型的求助者，也願意接受多數一般性質的人。容納範圍要廣、力量要大，績效也才能比較良好。

## (四)同情心與同理心

同情心與同理心是指設身處地去體會理解他人的心情，也是體貼之意。諮商者必須要有同情心，才能耐心並盡力替求助者想辦法，解決問題。

## (五)善於溝通與說服

### ◆善於溝通的要領

諮商的案主有者常因關閉心扉，不善與人交談與溝通，也有性情固執，堅持己見者。諮商者必須具備善於與之溝通，並說服其放棄或修正固執與堅持，使其能多聽他人的意見，紓解內心的壓力與死結，

調整心理與性格，變爲較能與他人應對與互動，才更能適應生活。善於溝通者有所謂十句箴言或十項要領，即是：

1. 能表達內心的感受。
2. 避免負面情緒。
3. 尊重對方。
4. 不出惡言。
5. 說話得體。
6. 不能生氣。
7. 理性而不爭執。
8. 要能認錯，取得諒解與信任。
9. 有愛心與智慧。
10. 耐心與等待。

◆說服的秘訣或方法

說服是指經過口頭說明與勸導之後，使對方心悅誠服地接受與照辦之意。說服他人有數種重要祕訣或方法：

1. 能調節氣氛，以退爲進。
2. 能爭取同情，以弱克強。
3. 能善意威脅，理直氣壯。
4. 消除防範，以情感化。
5. 投其所好，以心換心。
6. 找出妙方，打動對方的心。
7. 消除誤會。
8. 訴之以理，使人心服。
9. 善用寓言與故事，發人深省。

## (六)眞誠

眞誠是指眞心實意，誠懇待人之意。人能以眞誠待人，必能感動他人，獲得信任，也必能獲得誠懇的回報。眞誠的人沒有詐騙與假冒，應能化暴戾爲祥和，化虛僞成信實。眞誠者心地坦蕩，純淨無私，口中話出有功德，行之於身也有功德。人有眞誠，才能眞心去關懷他人，將他人之事視爲己事，用心替他人提供有益的諮商與勸導。

## (七)守密

心理諮商常會觸及求治者內心的祕密，諮商者幫人嚴守祕密是必要的道德。守住求治者的祕密，不使外洩，才能保住其顏面與尊嚴，才不致使其受到傷害。

守密的重要方法有許多種，諮商者都應具備，才能守得住祕密。

1.守口如瓶：祕密常從口出，要守祕必須要守口。
2.守於無意間：許多祕密會在無意間洩露，故必須時時謹愼，不在無意間洩露了祕密。
3.禪佛若定：即像神佛一般的定性，不輕易受到世俗的威脅利誘，才能守住難守的祕密。
4.不知祕：即不隨便過問別人的祕密，不知祕密，就不必刻意去防守，祕密就不會經過自身而外傳。
5.忍受痛苦：情報間諜要逼人吐露祕密，常用嚴刑逼供的方法，使人難以忍受痛苦而洩密。在此種情況下要能守祕，必須要能忍受極度的肉體之痛，甚至寧願以死保衛。

## (八)權威與能力

諮商者的另一條件是要具有專業權威，有權威才能使人相信。諮

商者的權威主要應得自專業能力，而不是靠指定或授與。前面說過被諮商的問題層面非常廣泛淵博，無奇不有。故要能具備專業能力與權威，則必須博學多聞，不能只知皮毛或濫竽充數。

### (九)重視專業倫理

諮商是社會工作的一種，因此社會工作倫理也是諮商者應遵守的倫理原則，依我國《社會工作師法》第十七條規定：「社會工作師之行為必須遵守社會工作倫理守則之規定。」而重要的倫理原則是指尊重、關懷、正義、堅毅、廉潔、守法、專業等。作為諮商人則倫理的焦點更以下列幾項為重：

1. 助人而不害人：諮商的基本目的在助人，卻不能因知識能力不足或態度疏忽而害人。
2. 尊重他人：包括尊重他人的生命、權益與福利，不因人性弱點而喪失對他人的尊重。
3. 遵守道德與規範的操守：作為專業諮商者，也必須遵守社會上的道德規範，能以公正合理的態度與標準處理事務。
4. 提供合格的服務：諮商工作是一種服務工作，服務要具備一定合格的水準，才能使求助者得到應有的好處與利益。
5. 保護隱私權避免不當的處理：替求助人保護隱私，也應避免不當的處理，以免求助者受到傷害與損失。
6. 提供預警：向有關人員提供預警，不使發生危及生命、傷害等原可避免的事故。

## 四、個案諮商的七大原則

美國社會工作學家比斯台克（Felix P. Biestek, 1912-1994）在其所

著《社會個案工作的專業關係》（*The Casework Relationship*）一書中提及個案工作的七大基本原則，也成爲後來個案諮商工作者的重要依循規律。

## (一)個別化（**individualization**）

求助者每人都爲完整的個體，依據人類的需求與權利而成爲個體，非因其爲某類屬或團體之一員。

## (二)有目的的情緒表白（**purposeful expressions of feelings**）

求助者應能自由表白感受，尤其是負面的感覺。工作者要能仔細聽其目的，不打擊與責備，不否定其對害怕、希望與敵視的表明。

## (三)有控制的情緒涉入（**controlled emotional involvement**）

工作者能敏銳感受到求助者的感覺，瞭解其意義與目的，能給以口頭及非口頭的回應。工作者的情緒也介入到求助者的情緒中，但情緒仍能受工作者的自律及個案的目的與其他因素所控制。

## (四)接納（**acceptance**）

工作者能接納求助者的長短處、正面及負面的感覺，建設性與毀壞性的態度及行爲，也能維護與溝通求助者的內在尊嚴及個人價值的感受。接受並非同意，並非接受好與善，而是接受眞實。由接受求助者的認知，使其能在不傷尊嚴下，不損傷或阻擋對自己的揭發與表露。

### (五)非判斷的態度（nonjudgment attitude）

非判斷的態度表示基於對工作者不會判定罪行、無知、褒獎或贊同的信任。使求助者不致因害怕被抱怨或被判定褒獎或贊同，而不敢表達。

### (六)案主自決（client self-determination）

承受案主有權利與需要自由選擇與決定工作的過程。工作者不必為案主負責，不必強制勸說，也不應操縱他，使其投工作者所喜好。

### (七)守密（confidentiality）

保密是指保住案主的私密消息，包括有關專業關係或得自外界的消息。惟為案主保密並非絕對必要的，當其他權利或責任勝過此種案主的權利時，案主的此種權利便被置放在次要地位。

## 五、輔導的定義、策略、方法與技巧

### (一)定義

依照美國輔導學會（American Counseling Association）對輔導所下的定義，專業的輔導是指應用精神健康、心理學與人類發展的學理和原則，透過認知、情感、行為或系統性的介入方式，對案主提出並強調人的價值、成長、事業發展及解除心理疾病。與諮商的意義頗為相同。

## (二)策略

輔導依介入程度不同可分爲三級：

1.初級預防：即主動瞭解個案並改善其工作及生活環境。
2.二級預防：即在未發生問題之前，對個案進行諮商。
3.三級預防：即對已發生問題的個案作診斷與治療。

## (三)方法與技巧

重要的輔導方法有兩種：一種是面談；另一種是行動輔導。每種方法也都有很好的技巧。面談的技巧包括面對面接近案主，觀察其態度與行爲，專注其特殊語言與行爲反應，聆聽其發言，鼓勵其發言、發問要得法等。

行動輔導是以實際行動輔導個案實踐或革除某些行爲之意。行動輔導比語言輔導更爲積極與直接。重要的行動輔導技巧有勸進、示範、提供參與、糾正、阻擋或破除錯誤等。透過行動輔導，被輔導者都能較快速、較積極改變行爲與行動。

# 六、重要輔導對象與其問題的性質

社區內個案輔導工作對象以問題兒童及青少年最爲常見，也最重要。茲以此種輔導對象爲例，說明輔導問題的性質。

## (一)人際關係不良

不少兒童或青少年的重要問題之一是，人際關係不良，不善與人對話、交際互動與往來。容易與人衝突，甚至吵架或毆打滋事。人際

關係不良的兒童或青少年不僅與同學、朋友相處不來，甚至也與家人容易有摩擦。人際關係不良的兒童或青少年，容易陷於孤單，行為乖張，也會影響其前途，有必要加以輔導。輔導的重要技巧有矯正其心態，改善與人溝通及相處的能力。

## (二)學習效果不佳

在兒童及青少年的時期，主要的工作與任務是在校學習，卻有不少人學習效果不佳。這種問題發生的原因很多，不專心、貪玩、交上壞朋友、打工費時、住處環境不佳、情緒不良等，都是可能的原因。輔導的方法與技巧也有不少。學校方面常經由請名人專家演講學習的要訣與經驗，藉此啟發學生心靈，認真學習。也有不少家長將兒女送進補習班，作課外輔導的情形。補救學習語言效果不良的辦法，則常由使用影片及空中教學等辦法，予以輔導補充。如果原因來自家庭，則有必要從家人關係或環境改善方面著力。至於因為打工造成的影響，則有必要輔導其做好時間管理。

## (三)家庭失衡

也有兒童或青少年遭遇到家庭失衡的問題，形成情緒低落沮喪。常見的家庭失衡有關係失衡及功能失衡兩種。前者如父母失和或離異，造成子女失人管教，情緒苦惱；後者則有家庭經濟狀況不良，吃住與生活起居不正常，兒童沒吃早餐、儀容不整、家長沒簽連絡簿、學用品準備不周等。也有兒童或青少年在家遭受的壓力過大的問題。

輔導辦法除了鼓勵勸告兒童與青少年要能堅強奮鬥外，也有必要與家庭取得聯繫，告知家長有關兒女的問題，使能由家長方面改善情況，幫助兒童與青少年度過難關。

## (四)受虐

有些兒童或青少年在學校或在家庭會有受虐的問題發生。虐待的來源有來自同學、教師、校外惡霸、家長及其他家人等。虐待的情況包括肉體毒打、施暴及心靈的虐待。有些虐待情況嚴重到駭人聽聞，對受虐者傷害非常之深。問題揭發之後常會震驚社會。常必須有社工人員，甚至治安與司法人員的介入。輔導受虐事件的方法包括撫平受虐者的生理及心理傷痛，也必須對施虐者加以勸阻或處罰糾正。對於不為人知的受虐情形，社工輔導人員更有必要主動探索，能及早發現並加以阻止與改善。

## (五)說謊

有些兒童因愛說謊而成為問題。說謊的心理常來自替自己辯護，藉以自衛，也有因為說謊而可得到便宜與好處。有時是大人逼出來的。但畢竟不誠實是很不足取的事，對自己內心也會產生罪惡感而受到傷害，必須加以輔導改進。

輔導兒童防止說謊的方法很多，大人常用「狼來了」的寓言故事來警惕兒童，也有用正面的愛心鼓勵來引導誠實。對於惡劣的謊言，則可用跟蹤、拆破以作警示或懲罰。正確的教育則是很根本防止說謊的方法。

## (六)偷竊

偷竊是不過問就故意自取物品，是違法行為。兒童或青少年犯有偷竊行為是相當嚴重的偏差，很有必要輔導改正。及早發現並防範不使其成為不良習慣是很重要的輔導方向。對已發生的偷竊行為，使其能改過自新為上策，若因懲罰而更沉淪則是下策。故對於犯者的處理

與輔導必須很小心謹慎。一方面使其心中明白錯誤，卻又能不使其失去自尊而淪為慣竊。

## (七)吸毒

社會環境不良，吸毒青少年增加，是當前重要社會問題之一。吸毒者身心都受傷害，很必要輔導改正。輔導的方法可分三階段：一是預防；二是勒戒；三是出院輔導。第一階段重在宣導與教育，勸戒青少年不涉及。第二階段是對已吸毒上癮者，促其正面應對改善。有效的辦法是送進毒品勒戒所治療改善，至其恢復正常健康。第三階段是對已治癒的出院者，轉介危害防治中心持續監控與輔導。社會上要能更有效甚至更澈底防止毒害，除了對吸毒者給以預防、懲治與輔導外，對於毒品供應者的取締與掃除，更必要有所作為。

## (八)賭博

賭博也是容易犯的一種毛病。兒童與青少年是學習模仿涉入的階段。養成習慣以後，也容易引發偷竊甚至搶劫等更嚴重的偏差行為。

輔導賭博行為者的方法也與輔導其他偏差行為者的方法類似，可由勸導防止及懲戒改過入手。但對於兒童及青少年也應慎防因為處罰過重以致斷送其前程。

## (九)暴力

兒童及青少年可能被暴力施虐，也可能涉入暴力成為施虐者。可能形成暴力者的原因很多，因為血氣方剛、喜歡逞強，或因受虐而起報復，也有因為交友不慎而落入暴力團體者。成為暴力者遲早會出事，不是被人砍殺，就是會打人殺人，輕者造成傷害，重者犯罪坐牢。

　　家長、學校及社會對於暴力兒童及青少年都應加以注意重視，設法阻止與改進。社會與社區工作者也有輔導改善的職責。輔導方法包括勸導預防及懲戒阻止。例如藉由舉辦研討會、出版刊物、結合社區力量來勸導與防止。

## 七、可能的輔導工作者

　　社區中有多種人對於兒童及青少年的輔導工作，都有職責也有機會與能力介入與參與，將之列舉如下，並說明可介入的面相。

### (一)社工人員

　　社工人員責無旁貸應是必要參與輔導的先鋒者。尤其對校外的兒童及青少年的心理及非心理方面更應主動介入輔導，因為缺乏學校方面的輔導力量。

### (二)教師

　　教師輔導學生是天經地義的職責。在校學生有錯，教師的教育與輔導也最能生效。近來也曾聽聞惡劣學生不聽教師輔導，反而對教師施以暴力的情形。也有因為管教學生太嚴，召來家長抗議，都會使教師退縮卻步。遇此情形教師是有反省檢討的必要，卻不能輕易卸責，應更加努力，以更適當的方法來輔導學生。

### (三)醫師

　　對於身心有病徵的兒童與青少年的矯正與治療，必須有醫師的協助與輔導，尤其是對吸毒兒童與青少年的輔導，更必要有醫師專業知識的介入輔導，才能有效治癒與改善。

### (四)護理人員

護理人員是能協助醫師進行醫治功能的人，有病兒童及青少年在接受醫治矯正的過程中，也必須有護理人員的幫助。

### (五)司法官

對已犯法治罪的兒童或青少年，必須有司法官就職責所在，也參與輔導工作，使受法律懲罰的兒童或青少年能多接受司法人員的輔導，使其知罪行之不可犯，以及應該遵守法律去除惡習。

### (六)觀護人員

觀護人員是在法律制度下設置的職位，用為協助監督及輔導受刑人於出獄後不再犯法，並能積極恢復正常人的生活。觀護人員對於犯過罪的兒童及青少年，更責無旁貸要給予輔導。

### (七)神職人員

神職人員一向勸人行善去惡，對有問題的兒童與青少年也是其樂意輔導的對象，應可一同參與引導正確的行為。

### (八)其他專業人員

兒童及青少年的功能輔導，很必要有各方面專業人員的參與。唯有專業者才能有較佳能力輔導該專業方面的知能與技能。

# 第十六章

# 照護與救助的方法與技巧

- ■ 照護的背景因素
- ■ 照護需求者：弱勢族群
- ■ 照護體系與內容
- ■ 照護方法與機制
- ■ 照護技巧
- ■ 救助對象與類型
- ■ 救助方法

　　照護與救助是較消極性的個案工作，以能提供福利與服務為目的。至今兩種工作已累積一些經驗性與有效性的方法與技巧。本書在最後一章，就此兩種工作方法的若干重要概念與性質，以及更細緻的方法與技巧加以分析與說明。

# 一、照護的背景因素

　　社區工作中的照護工作重要對象是些行動不便及行為無力的老者、弱者、殘障者和貧窮者等弱勢群體。形成這些社會弱勢需要獲得特殊照護的背景因素有多項，重要者包括下列這些：

## (一)人口老化

　　社會上人口老化，老年人口數量及比率增加。而老人體弱多病，無法自我照顧，乃需要他人的照護，其中自家人無法照護者，乃有必要委託家庭以外的人或養護機構代為照護。

　　造成人口老化的背景因素很多，醫療技術的進步、經濟發展、營養衛生的改善，致成平均餘命延長。加上少子化的結果，致成老年人口占全人口比率增加。這些都是人口老化的重要原因。

## (二)貧富不均

　　許多社會的經濟在發展過程中，所得分配都有趨於不均的問題。造成貧富不均的原因很多，其中財稅政策與結構不良是最重要者。社會上的貧窮者在生活上常會產生問題，必須有福利性的照護，使其能夠解決生活的難題，並過基本水準的生活。

## (三)自然與社會災難

　　自然與社會災難會造成一批需要照護的難民。重要的自然災難有風災、水災、地震與旱災，而重要的社會災難，也是人為災難則有火災、流行病、戰爭與核災等。嚴重的災難，可能造成許多人受傷、死亡或無家可歸。需要政府及其他機構的照護，包括提供住宅、傷亡撫卹，以及照護飲食及治療傷殘與病痛等。

## (四)社會演化

　　社區中的照護福利與服務是由社會演化而來，包括社會上產生照護需求、照護供應的成熟及延續照護的制度等。照護需求的產生得自如前面所述的人口老化、貧富不均等社會變遷趨勢。照護供應的成熟，得助照護價值觀念與技術能力的形成與發展。而當照護的方法已啟動並證明合適有用，乃會繼續沿用。這些社會演化與變遷的背景，也影響照護工作方法行之不衰。

## (五)政治進步

　　當照護工作能由福利行政方式推展時，表現政治進步的一面。政府的行政體系中設有照護福利的主管部門，財政體系中編列照護福利預算。此種傾向福利體制的治國理念與體制，是動亂落後國家的政府所難以辦到的政績。

## (六)外國的影響

　　世界進步富裕的國家對於落後貧窮的國家，常會展開人道的照護援助，援助貧窮苦難國家的窮人及災民的物資、病人的醫療，以及農民的種子肥料與耕作技術等。除了這些直接照護援助行動外，進步國

家的社會照護制度也常被後進國家引用與效法，影響後進國家對照護制度的採用與改進。

## 二、照護需求者：弱勢族群

社會上需求照護者不只一種，包含多種的弱勢群體，重要者有下列數類。而不同類別的弱勢者，對照護的需求也有不同之處。瞭解其需求，才能做好照護的工作。

### (一)老人的需求

老人的需求有許多方面，綜合一般老人的各種需求，共被提到下列這些：(1)健康需求；(2)工作需求；(3)依存需求；(4)和睦需求；(5)安靜需求；(6)支配需求；(7)尊敬需求；(8)坦誠需求；(9)求偶需求；(10)福利需求；(11)安全需求等。從社會支持觀點看，以其健康需求、安全需求及福利需求最必要給以照護。對此三種需求再作進一步說明如下：

◆健康需求

人老在健康上必然會變為衰弱多病，與死亡也逐漸接近。健康欠佳的老人需要醫療護理照護。未能獲得家人照護的老人不論獨居與否，都需要外人扶持照護，也因此近來我們社會上興起許多安養及看護機構，也引進外傭的制度，都以能長短期照護老人的健康為主要訴求及目的。

◆安全需求

年老之人在工作及行動上都逐漸失去能力，要自理起居生活常會有經濟及社會安全之慮。必要有外力的支持照護系統，減輕其缺乏與憂慮。近來政府實施退休金、老人年金、國民年金及扶養減稅等制度

或政策，主要的目的都在能保障老人的經濟安全。此外，興建老人住宅社區，推動居家服務，設備無障礙通道及廁所等，也都是爲能滿足老人社會安全需求而著想者。

◆福利需求

老人在生理上、經濟上及社會方面的弱勢，使其在福利方面也有需求。重要的福利需求除了前述的醫療照護及經濟社會安全之外，還有社會參與需求及休閒娛樂需求等。有需求就要應對，使其滿足。各地老人會或長春俱樂部的推動，對促進老人社會參與及休閒娛樂福利的幫助與功能甚爲卓著。

## (二)窮人的需求

窮人因缺錢而窮，因窮而無法消費並過基本生活。故其最直接且重要的需求是，要有收入以及能消費。收入可由工作獲得，但無工作能力的窮人，只能需求獲得救濟金。

人有收入就可以消費，窮人的消費能力也常得自食物補助。有些國家的政府曾實施發給窮人食物券、其他有價兌換票券或直接救濟物品，來增進其消費能力。

## (三)兒童的需求

兒童是人生的開始階段，是未來國家與社會的主人，在主觀與客觀上都有許多的需求，才能正常健全成長。在多種兒童需求當中，最重要的是學習需求及營養需求。因爲學習是增進能力最重要的方法與途徑，營養是促進健康身體的必要基礎。

兒童最需要學習的目標與內容包括語言、文字、課業、生活知識與技能及社會應對能力。學習語言與文字以母語及本國文字最爲根本，再進而推及其他的語言與文字。生活知識與技能包括日常食、

衣、住、行、育樂、知識與技能，具備這些知識與技能是成為有正常
生活能力必備的條件。多半的生活知識與能力都是從父母、其他家人
及學校的教師同學學習而來。兒童的社會應對能力也很重要，關係兒
童人格的發展及人生命運與際遇的變化至為重大。

## (四)殘障者的需求

殘障者是指身心有傷殘或殘廢與固疾者，造成其在社會上不能充
分使出自己的能力並過正常的生活。殘障者的需求有許多方面，包括
求人照護健康，求得福利，求助輔助器具，以及求能就業、自立、尊
嚴與人權等。

## (五)婦女的需求

婦女角色與處境有其特殊的弱勢與問題，故也有其較特殊的需
求。較重要的特殊需求有生育衛生與健康需求、安全的性需求、防禦
暴力及性侵害的需求、避免被歧視的需求、獲得工作自立與自尊的需
求，以及參與社會活動的需求等。其中有些需求不易由自己達成，很
需要經由照護的提供。

## (六)病患的需求

病患最迫切的需求是恢復健康。要能有效恢復健康則要經過充分
與適當的治療與護理。與治療有關的連帶需求包括保健、新疾病的預
防、病情隱私的保護、舒緩身心的痛苦，以及獲得慰問與關懷等。疾
病的治療與護理是技術性很高的專業工作，必須由專業的醫師及護理
人員的幫助，才能滿足其需求。其他許多相關的需求若能由其家人、
親朋好友及其他認識或不認識的人用心協助，也可使其獲得滿足。

## (七)新移民的需求

當前我國新移民有增多的趨勢，相對較多為外籍新娘。新移民到了新環境，在工作與生活適應上都難免會產生困難與問題，都需要獲得照護協助與解決，新移民較常遭遇的嚴重性問題有語言不通、生活習慣不適應、身分異常、教育程度偏低、工作難求、經濟弱勢、缺少朋友、社會參與不足、婚姻基礎薄弱、家庭失和、地位低落、社會支持缺乏，以及宗教信仰的空虛等。

新移民的多種需求常由提供個人及家庭福利與照護而獲得滿足，重要的應對福利與照護，包括語言補習與教育、提供福利與服務宣導與實際幫助，也包括發放保障援助金、體恤安置其工作及住處等。

## (八)少數民族的需求

我國少數民族有許多種，只原住民就有十餘族之多，此外尚有來自外國的移民等少數民族。少數民族也有不少特殊性需求，包括土地權益保障的需求、工作權保障的需求、教育機會均等或改善的需求、維護自治的需求、改善生產、交通與居住條件的需求，以及保留族群語言與文化的需求。這些需求常需要以政策性的措施加以維護，使其能如願以償。

# 三、照護體系與內容

針對社會上需求照護者的願望加以整合，則應對的照護體系可歸納成若干重要者，將之列舉並說明各體系的重要照護內容如下：

## (一)醫療體系

台灣社會的醫療照護體系相當普及，涵蓋所有的國民人口。對前面提到的老人、窮人、殘障者等各種需求者，也都能照護有加。醫療照護體系可從需求體系、照護制度體系、供應體系等三大內容加以說明。

◆需求體系

醫療照護需求體系可分為一般的照護需求及特殊的照護需求兩大支系統。前者是指一般人對於看病、治病及體檢等的需求，於醫療診治時，以一般的付費水準行之。由於國人多半都已參加健保，故付費標準也都以健保付費及部分自費分擔的方式進行。另有一種特殊照護需求者是，因自己缺乏付費能力，故得請求政府或民間福利機關協助付費的情形。

◆照護制度體系

此種制度體系相當多元且複雜，包括補助照護、服務照護、到家巡迴醫療照護、遠距照護及整合性照護等。

◆供應體系

醫療照護的供應體系也甚為廣泛多元，包括建立醫療制度、建設醫院、充實醫療設施、辦好健康及人壽保險、生產及進口醫療物品與器材、發展醫學及藥學教育與研究，以及推動合作醫療供應模式等。

## (二)行政與管理體系

照護工作的行政與管理體系，包括設立行政機關、行使行政功能，以及進行人事、組織、預算、照護品質、評鑑等管理事務。

## (三)社會工作體系

照護的社會工作體系，指由社會工作者所能做及應做的所有照護工作。此一體系包括充實社工人力、諮商與輔導獲取照護資源、協助福利行政機構及民間社會福利機構辦理和推動各項社會工作事務。需求照護的各種弱勢族群，都可由社會工作者直接或間接的協助而解決問題並滿足需要。

## (四)福利團體體系

社會上多種福利團體成立的目的都在照護人群，特別著重照護缺乏能力的弱勢者。福利團體的目標極為多元，協助對象與功能也甚為多元。重要名稱有身心障礙者福利、兒童少年福利、婦女福利、老人福利、照顧服務管理中心、松柏育樂中心、長青公寓、無障礙福利之家、新移民家庭服務中心、單親家庭服務中心、生命線、養護中心、社區服務中心等。照護的項目也是五花八門，包括有關教育、復健、啟能、職能訓練、就業輔導、諮商、家庭暴力防治、性侵防治、騷擾防治、社會救助及災害防治等。

## (五)宗教服務體系

宗教服務體系由機構、人員及照護事項或內容所構成。重要的宗教機構有寺廟、教堂教會、宗教博物館、宗教教育及研究機關、宗教團體的基金會。宗教體系的人員，包括神職人員及非神職人員兩大類，前者如僧、尼、道士、乩童、神父、修女、牧師、傳教士等。宗教體系提供的照護福利與服務事項也很多元，凡是民間社會福利與服務機構所提供的照護事項與內容，宗教福利與服務機構也都能提供，惟宗教機構特別重視的項目是慈善性、教化性、賑災性及醫療性的照

護與服務。其中教化性的照護內容都從宗教的教義及其經典作為教材與出發點。

## (六)保險制度體系

社會上為能保障人民及社會的安全與安定，設有許多保險制度，重要者有健康或醫療保險、人壽保險、產物保險、意外保險、災害保險、長期照護保險、失業保險、傷殘保險、生育保險、養老保險等。投保機構包括政府及民間團體，政府所主持的保險多半是社會安全性，民間辦理的保險則包含財物性等。透過保險的體系，投保人可以增加獲得照護的機會與安全性。

## 四、照護方法與機制

各種不同的照護機構，在各種不同照護方案下提供的照護方法與機制可能各有不同。綜合起來重要的照護方法與機制約有下列諸項：

## (一)提供物資與服務

許多照護機構或團體，都直接提供物資與技術給予受照護者。此類照護包括由慈善機構捐助錢財、糧食、衣物、醫藥等給需要的人，以及對需要照護的人提供諮商、輔導、治療等服務。貧窮者、疾病者、殘障者、失業者等都可能獲得此類照護。

## (二)提供方法與技術

此類照護以技術援助機構最常使用，照護的對象以具有發展性的受援者最為常見。援助者以提供生產技術與方法的指導，使其能增產與發展。病人在復健的階段，復健的專業人員也以提供復健技術與方

法，供復健者自己運動，藉以恢復健康。

## (三)設立法規

照護機構對於較長期性、較廣面性的照護工作，常由設立法規作為實行照護的依據。以法規為行動的依據，目的在求得達成較公平、周延，也較長期穩健的照護效果。

## (四)設立照護機構

要能實踐照護工作，必須要有推動與實踐的主體，這種主體以設立照護機構最為實際。在機構中設置必要的人員、設施及計畫，照計畫按部就班推行，照護功能必能有成效。

## (五)服務到家

服務到家是當前多種照護服務的重要做法。此種服務方法的興起主要是因為受照護服務者行動不便，離不開住家，只好由照護人員到受照護者家中服務。服務到家也稱居家服務或在宅服務，詳細事項包括家中幫傭、家事管理、居家陪伴、居家護理，也含居家安寧服務等。

## (六)培訓人力

經由培訓照護人力，由被培訓人力直接照護案主。此種方法或機制是當照護人力缺乏的情況，或因案主的家人缺乏照護知識與技能，必須由有經驗、有能力的照護人員擔任導師，培養人力，傳授知識與技能，使更多的人能獲得較充分與完善的照護。

## 五、照護技巧

照護方法很多，每種照護方法又含有多種照護的技巧。如下列舉多種可由照護人員操作與處理的照護技巧。其中前四項是有關健康照護方法，而後五項照護方法則適用各種照護。

### (一)診斷技巧

對於疾病中或復健中的人，照護的重要技巧之一是較簡易的診斷技巧。最常見的診斷技巧包括使用儀器診斷血壓及血糖，以及使用肉眼察看若干重要的病情等。

### (二)治療技巧

照護工作者對疾病及復健中的受照護者，也應熟悉若干簡易的治療技巧，重要者包括幫助案主正確服藥與敷藥、陪病人就醫、替病人購藥與取藥。此外，也替病人調配合適的食物，以及陪病人復健，甚至散步訪友。這些照護的技巧都直接有助病人恢復健康。

### (三)護理技巧

護理工作也為廣義治療工作的一部分，惟護理工作對治病的角色較為輔助性。醫療照護卻免不了要有護理的部分。重要的護理技巧除能執行全人及全責的護理作業外，更應能營造安全、舒適、溫馨的就醫、復健及居家的環境。對於失智者的護理技巧更需要有十足的耐心與同情。

## (四)復健技巧

　　各種不同病情的復健過程分別適用不同的技巧。茲以人數可能最多的中風者的復健重點技巧為例說明。

　　1.檢視單側偏癱或雙側偏癱。
　　2.瞭解首次中風或已多次中風。
　　3.瞭解患者是否伴隨其他疾病或症狀。
　　4.瞭解肢體疼痛與水腫問題。
　　5.瞭解是否有肩關節脫臼問題。
　　6.瞭解指、膝、踝足、肘、腕關節彎縮問題。
　　7.瞭解可預期恢復之行走與生活自理功能。
　　8.瞭解復健、生活輔助器具需求。

## (五)宣導的技巧

　　宣導是適用在各種照護工作上的方法之一。此法是針對照護的特性提供資訊。目的在鼓勵選擇使用，也能正確使用，使接受者能獲得較佳的照護工作。常見的照護宣導方法有演講、示範溝通、發傳單或卡片、登報及電視報導等。為使宣導能產生良好效果，則要注意若干技巧，包括使用適當有趣的文字或語言、在適當的時段散播、聯合多種管道一起散播、逼真的示範、提供鼓勵性的紀念品、選擇對象及運用溝通的各種技巧等。

## (六)提供資訊的技巧

　　宣導過程常要提供必要的資訊，方便接受者認識與瞭解，而後能接受宣導的目標與內容。提供資訊的時機不僅限於宣導時，在其他的照護過程中，或運用其他的照護方法時，也都有必要提供適當且該有

的資訊。提供資訊常要注意若干要點或技巧，包括最好是能公開，經過適當的平台或管道。多種資訊能先作整合，在網路上提供使能快速流傳。

## (七)遠距溝通的技巧

為能擴大照護的效果，使用遠距溝通的方法逐漸受到重視與應用，此種方法主要是透過媒體，尤其是新興的電腦導向的媒體，經由此種途徑將訊息快速傳達給受照護者本人或家屬，對於促進照護的效果相當可觀。此種溝通要能發揮效果，常要經過運用若干重要技巧，包括設計網際網絡組織或夥伴，以及使用良好的技術性方法與設備。

## (八)輔助器材的技巧

照護工作常需要使用必要的輔助器材，使能增進照護的效果。就以居家醫療及復健的輔助器材而論，除了前述的血壓計、血糖計外，輪椅、電動病床、排泄用具、助聽器、氧氣筒、拐杖、助行器、體重計、關節運動器、擔架、抽痰機、電熱毯及護具等。各種輔助器材的功能不同，適用的照護對象也不同，對於必要者卻非具備不可。使用各種輔助器材也都要有必知的技巧。

## (九)提供經費的技巧

提供經費也是一種極為普遍的照護方法與技巧。此種經費分成政府提供的部分及受照護者家屬提供的部分。政府提供的經費用於各種福利措施方面，包括支付公家聘僱的照護人員薪水或工資，以及對殘障者的照護補助費用。補助項目包括抵免繳交停車費，以及購買照護器材的補助費等。

受照護者家屬需要提供的經費則包括支付照護工作、購買藥物及

器材費用、醫療費、交通費及其他各種雜項費用等。要能獲得經費補助也必須要熟悉運用申請的技巧等。社區工作人員有必要幫助申請者獲知這些技巧。

## 六、救助對象與類型

救助是一種較緊急性的照護，也是針對自家較無力負擔照護費用及操作的一種工作方法。社會救助者主要有政府及民間的慈善機關或救護團體。

### (一)社會救助對象

社會救助是一種公開性的救助，重要者包括下列數種：低收入或無收入的貧戶、急難家庭、無依無靠者、嚴重傷殘者。低收入或無收入的貧戶有者因為本身工作能力低，也有因為社會經濟景氣不佳所造成。其收入水準低於基本生活需求，需要給予救助，才能過最低需求的生活。急難家庭指因受到天然或人為災害致成家園流失，無家可歸者或無人照護家庭，在短期間內也需要政府及社會各界的救助。無依無靠者，自己又缺乏工作及自理生活的能力，也需要外界在經濟上及人力上的救助。嚴重傷殘者終身必須依賴他人照護，政府將之列入重要社會福利救助對象的範圍。

### (二)生活扶助

救助的重要類型之一是生活扶助，主要是救助生活上必要的資源，如供給救助金或救助實物；實物包括糧食、衣物、住處及用具等。對於有工作能力者也扶助其就業；對於無行動能力者則照護其生活起居。

## (三)醫療補助

對於無力支付費用的重大傷病與特殊身分者，政府及社會各界常有提供醫療救助的措施。救助的內容包括發給補助金、減免費用，或提供器材與藥物補助，也包括提供適當的醫療場所、設施與器材等。

## (四)急難救助

社會上的急難救助事件最常見於發生風災、水災、地震、火災、山難、海難及車禍時。有效救助的方法很多，包括組成救難先鋒隊前往現場救難、發放急難救助金、發給急難救助包，其中有食物、藥物、衣物及緊急用品。安置受難者住食，將傷患緊急送醫，對死難者處理屍體與安葬。筆者曾訪問慈濟功德會駐加拿大溫哥華的志工所組成的救難先鋒隊，常能在當地政府的救難車到達車禍現場之前，已先抵達協助救難，頗受當地社會好評。

## (五)天然災害救助

發生天然災害時，部分較緊急的災難以急難方式處理，其餘則依天然災害救助方式處理。最常見的救助是有關風災、水災或霜害對農作物造成災害的救助，包括發給救助金、協助清理災區環境、提供復耕復育的設施與材料。

## (六)貧戶就業救助

前述有關生活救助的類型中，低收入或無收入的貧戶是重要的救助對象之一。救助貧戶的方法與技巧有很多種，其中就業扶助是一種較積極的救助方法。美國在柯林頓總統期間曾推動貧戶就業政策，輔助行之已久的救助政策，頗見良好效果。

　　人貧家貧有兩種很不同的原因造成：一種原因是有工作意願卻無能力，可能因為健康不佳或技能缺乏；另一種是無工作意願，常因懶惰成性。對於前一種完全失能者，要扶持其就業甚為困難，幾乎無希望，但對其中技能缺乏而並非完全失能者，則有希望經由就業技能訓練的方法或技巧而改善或增進就業能力，藉以獲得就業的機會。對於第二種因懶惰而無工作者，改進的方法與技巧則有必要以心理輔導方法使其對懶惰感到不應該，也感覺羞恥，從中激勵其工作就業的動機，並學習就業技能。

## (七)精神病患救助

　　前面對各種醫療照護方法與醫療補助類型的分析說明時，所謂求助的病患者也都將精神病患包含在內。因為精神的病徵及照護方法較為特殊，有必要將此種救助的內容再作扼要補充。

　　送醫是對精神病患的第一種常見也是很必要的救助內容；第二種救助是住進精神醫院，作集中照護與管理；第三種救助的內容是，心靈講經、說道與娛樂休閒等，改變其注意力或記憶圖象，接受新心理經驗，獲得精神的恢復與改善。

# 七、救助方法

　　社會救助的方法不少，前面已分就各種不同的救助方法摘其重要者加以說明，本章在最後再提及若干較少被提及的重要方法作為補充。

## (一)捐贈

　　捐贈是指在無要求代價或報酬情形下，將自有的金錢及其他財產

捐獻給政府或慈善事業機構等,作為社會救助之資源。一般較有能力捐贈鉅額者都是較為富有之人,但有些財力並不雄厚,但卻有慈善及愛心者,也會作小額的捐贈。

## (二)馬上辦理的方法

不少救助都有時間性,有心救助者需者要能馬上辦理,才能爭取時效,救助才能發揮有意義的作用,對於災難的救助或其他時間較迫切的求助,都有必要以馬上辦理的方法為之應對。

## (三)組隊

救助工作由越多的人參與會越有力量,也越能發揮較大的效果。但人多易淪為混亂吵雜,必須加以組織,以有秩序、有計畫的團隊方式進行與推動,便能發揮較佳的成效。

## (四)收容

社會上有多種救助常以設立收容中心或收容所,將被救助的人集中在一起,方便作較有效率的救助與照護。重要的被集中收容救助者,包括失依老人、精神病患、難民、孤兒、戒毒者及罪犯等。

## (五)立法與修法

較為正式並有制度性的救助,也常由立法與修法的過程來推展與維護救助的功能與效果。與社會救助最有關係的方法與修法過程或方法是,有關各種社會福利法的訂立及修正。我國現行的狹義社會救助法規是指在民國69年公布的《社會救助法》。主要目的在救貧與脫貧。廣義的救助法規則還包括下列各種法規中的一部分:(1)《兒童及少年福利法》;(2)《婦女福利法》;(3)《老人福利法》;(4)《身心障

礙者權益保障法》；(5)《原住民福利法》；(6)《就業安全法》；(7)
《健康與醫療照顧法》；(8)《社會住宅與社區營造法》；(9)《社會工
作師法》；(10)《志願服務法》；(11)《公益勸募條例》；(12)《公益
彩券發行條例》等，各種有關社會救助的法規都依政策制定，公布後
就依法行政。發現不適用時，就再修訂。

# 參考書目

## 一、中文書目

天主教失智老人基金會（2011）。《失智症整合照護》。華騰文化股份有限公司。

中華民國社區發展研究訓練中心（1986）。《社區發展的回顧與展望》。

中華救災總會編（2010）。《災害救助與社會工作》。

王培勳（1985）。《社區工作：兼論我國的社區發展工作》。金鼎出版社。

王篤強（2007）。《貧窮、文化與社會工作：脫貧行動的理論與實務》。洪葉文化事業有限公司。

白秀雄（1989）。《社會福利行政》。三民書局股份有限公司。

甘炳光、胡文麗、馮堅國、梁祖彬編（1997）。《社區工作技巧》。香港城市大學。

甘炳光（1996）。《社區工作》。香港城市大學。

江亮演、洪德旋、林顯宗、孫碧霞（2009）。《社會福利與行政》。五南圖書出版股份有限公司。

江明修（2003）。《非營利創新管理》。智勝文化事業有限公司。

吳錦惠、吳俊憲（2011）。《兒童少年福利概要》。五南圖書出版股份有限公司。

宋麗玉、施教裕編（2009）。《優勢觀點：社會工作理論與實務》。洪葉文化事業有限公司。

宋麗玉、曾華源、施教裕、鄭麗珍編（2002）。《社會工作理論：處遇模式與案例分析》。洪葉文化事業有限公司。

李依璇、董家驊、許瑞妤、鍾佳怡譯（2004）。《非營利組織行銷工作手冊》。揚智文化事業股份有限公司。

李易駿（2008）。《當代社區工作——計畫與發展實務》。雙葉書廊有限

公司。

李易駿（2006）。《社區工作實務十二講》。出版者許雅惠。

李增祿（2009）。《社會工作概論》（修訂六版）。巨流圖書股份有限公司。

李淑君譯（2000）。《志工實務手冊》。張老師文化。

林美容、丁仁傑、詹素娟主編（2004）。《災難與重建：九二一震災與社會文化重建論文集》。中央研究院台灣史籌備處。

林清文（2006）。《認識社區營造》。內政部。

林萬億（2010）。《社會福利》。五南圖書出版股份有限公司。

林萬億（1997）。《團體工作》。三民書局股份有限公司。

林正儀（2008）。《年邁父母長期照護》。華成圖書公司。

林勝義（2009）。《志願服務與志工管理》。五南圖書出版股份有限公司。

林勝義（2010）。《社會政策與社會立法：兼論其社工實務》。五南圖書出版股份有限公司。

林勝義（2011）。《社區工作》。五南圖書出版股份有限公司。

周芬姿（2009）。《老人休閒活動設計與規劃》。華都出版社。

姚瀛志（2011）。《社區組織理論與實務技巧》。揚智文化事業股份有限公司。

徐震主編（1998）。《社會福利社區化論文集》。中華民國社區營造學會。

高迪理譯（2090）。《服務方案之設計與管理》（第三版）。揚智文化事業股份有限公司。

郭靜晃（2004）。《兒童少年福利與服務》。揚智文化事業股份有限公司。

張伯宏、黃鈴晃（2011）。《毒品防制學》。五南圖書出版股份有限公司。

張秀玉（2003）。《早期療育社會工作》。揚智文化事業股份有限公司。

曾華源、胡慧嫈譯（1998）。《團體技巧》。揚智文化事業股份有限公司。

程小蘋、黃慧涵、劉安真、梁淑娟譯（2009）。《團體諮商策略與技巧》。五南圖書出版股份有限公司。

黃松林、趙善如、陳宇嘉、萬育維（2007）。《社會工作方案設計與管理》。華都文化事業有限公司。

黃永順、邱明偉（2006）。〈監獄社會工作角色定位與模式建構之芻議〉。《社區發展季刊》，113期。

黃源協（2000）。《社區照顧——台灣與英國經驗之檢視》。揚智文化事業股份有限公司。

黃德祥、魏麗敏（2007）。《諮商理論與技術》。五南圖書出版股份有限公司。

黃肇新（2003）。《重建啟示錄》。雅歌出版社。

萬育維（1996）。《社會福利服務——理論與實踐》。三民書局股份有限公司。

趙善和、趙仁愛譯（2001）。《老人社會工作——權能激發取向》。揚智文化事業股份有限公司。

詹火生譯（1987）。《社會政策要論》。巨流圖書股份有限公司。

詹秀員（2002）。《社區權力結構與社區發展功能》。洪葉文化事業有限公司。

葉至誠（2009）。《社會福利概論》。揚智文化事業股份有限公司。

葉至誠（2009）。《社會工作概論》。揚智文化事業股份有限公司。

溫信學（2011）。《醫務社會工作》。洪葉文化事業有限公司。

鄭維瑄、楊康臨、黃郁婷合譯（2004）。《家庭壓力》。五南圖書出版股份有限公司。

鄭讚源（2000）。《長期照護》。允晨圖書公司。

蔡宏進（2005）。《社區原理》（增訂三版）。三民書局股份有限公司。

蔡宏進（2006）。《社會組織原理》。五南圖書出版股份有限公司。

蔡宏進（2009）。《社區工作》。五南圖書出版股份有限公司。

潘純媚（2005）。《最新護理技術》。匯華出版社。

賴兩陽（2006）。《社區工作與社會福利社區化》（修訂版）。洪葉文化事業有限公司。

蘇麗智（2007）。《實用基本護理學》（上下冊）。華杏出版社。

蘇景輝（2011）。《社區工作——理論與實務》。巨流圖書股份有限公司。

吳長錕等著（2006）。《社區營造研習教材——入門功夫篇》。內政部。

劉淑娟（2007）。《長期照護》。華杏出版社。

蕭新煌主編（2000）。《非營利部門組織與運作》。巨流圖書股份有限公司。

謝秀芬（1998）。《家庭與家庭服務》。五南圖書出版股份有限公司。

謝秀芬（2010）。《社會個案工作：理論與技巧》（第三版）。雙葉書廊有限公司。

## 二、英文書目

Abingdon, Save, 1998, *Community, Work & Family*. Oxfordshire, UK: Carfax Pub. Ltd.

Asian Productivity Organization, 1997, Integrated Development Program for Local Community, Proceeding of an APO working party meeting, Seoul. Korea.

Baggott, R., 1994, *Health and Health Care in Britain*. London: Palgrave Macmillan

Baldock, P., 1974, *Community Work and Social Work*. London; Boston: Routledge & K. Paul.

Barr, A., Drysdale, J. & Hendweson, P., 1997, *Towards Caring Communities: Community Development and Community Care-An Introductory Training Pack*. Brighton, Pavilion Publishing.

Bedeian, A. G. & Zammuto R. F., 1991, *Organization: Theory and Design*. The Dryden Press.

Biegel, D. E., Shore, B. K. & Gordon, E., 1984, *Building Support Networks for the Elderly: Theory and Applications*. Thousand Oaks: Sage Publications, Inc.

Biestek, F. P., 1989, *The Casework Relationship*. Loyola University Press.

Briscoe, C. & Thomas D. N., ed., 1977, *Community Work: Learning and Supervision*. London: Allen & Unwin.

Christenson, J. A. & Robinson, J. W., Jr. 1989, *Community Development in Perspective*. Ames: Iowa State University Press.

Cowen, H., 1999, *Community Care, Ideology, and Social Policy*. London: Prentice Hall, Europe.

Dessler, G., 1976, *Organization and Management: A Contingency Approach*. Englewood Cliffs, NJ: Prentice Hall.

Dessler, G., 1986, *Organization Theory: Integrating Structure and Behavior*. Englewood Cliffs, NJ: Prentice Hall.

Dominelli, L., 2006, *Woman and community Action*. Bristol: BASW/Policy Press.

Froland, C., Pancoast, D. L., Chapman, N. J. & Kimboko, P. J., 1981, *Helping Networks and Human Services*. Beverly Hills: Sage.

Gilbert, N. & Terrell, P., 1998, *Dimensions of Social Welfare Policy*. Boston: Allyn & Bacon.

Goetschius, G. W., 1969, *Working with Community Groups, Using Community Development as a Method of Social Work*. London: Routledge.

Goodwin, S., 1990, *Community Care and the Future of Mental Health Service Provision*. Aldershot: Avebury.

Hall, R. H., 2002, *Organizations: Structure, Processes and Outcomes*. 8th ed., NJ: Prentice Hall.

Henderson, P. & Thomas, D. N., 2002, *Skills in Neighborhood Work*. 3rd ed., London and New York: Routledge.

Henderson, P. & Thomas, D. N. eds., 1981, *Readings in Community Work*. London; Boston: Allen & Unwin.

Jones, D. & Smith, L., eds., 1981. *Deprivation, Participation, and Community Action*. London, Association and Community Workers/Routledge.

Kettner, P. M., Moroney, R. M. & Martin, L. L., 1990, *Designing and Managing Programs: An Effectiveness-Based Approach*. 2nd ed. Thousand Oaks, Ca:

Sage.

Kotler, P. & Andersen, A. R., 1991, *Strategic Marketing for Nonprofit Organization*. 3rd ed. Englewood Cliffs, NJ: Prentice Hall.

Merrett, C. D. & Walzer, N., 2004, *Cooperatives and Local Development: Theory and Applications for the 21st Century*. New York: M. E. Sharpe.

Olsen, M. E., 1968, *The Process of Social Organization*. Holt, Rinehart and Winston, New York, Chicago, San Francisco, Atlanta, Dallas, Montreal, Toronto, London.

Popple, K., 1995, *Analysing Community Work: Its Theory and Practice*. Buckingham: Open University Press.

Raja, S., 2001, *Urban Slums Reach Out: An APD Community Experience*. Bangalore: Books for Change.

Rawls, J., 1999, *A Theory of Justice*. Revised Edition. The Belknap Press of Harvard University Press.

Rothman, J. & Sager, J. S., 1998, *Case Management: Integrating Individual and Community Practice*. Boston: Allyn & Bacon.

Rubin, H. J. & Rubin, I. S., 2001, *Community Organizing and Development*. 3rd ed., Boston: Allyn & Bacon.

Spradley, B. W., 1990, *Community Health Nursing: Concepts and Practice*. 3rd ed., Glenview, IL: Scott, Foresman.

Tinker, A., 1997, *Older People in Modern Society*. London: Longman.

Twelvetrees, A. C., 2008, *Community Work*. 4th ed., New York: Palgrave.

Williams, C. C. & Windebank, J., 2002, *Revitalising Deprived Urban Neighborhoods: An Assisted Self-help Approach*. Aldershot, Hampshire, England: Burlington.

Whilteley, S., Ellis, R. & Broomfield, S., 1996. *Health and Social Care Management*. London: Arnold.

Wilson, C. T. & Younghusband E. L., eds., 1976, *Teaching Community Work: A European Exploration*. New York: International Association of Schools of Social Work.

社工叢書 37

# 社區工作方法與技巧

作　　者 / 蔡宏進
出 版 者 / 揚智文化事業股份有限公司
發 行 人 / 葉忠賢
總 編 輯 / 閻富萍
特約執編 / 鄭美珠
地　　址 / 22204 新北市深坑區北深路三段 260 號 8 樓
電　　話 / (02)8662-6826
傳　　真 / (02)2664-7633
網　　址 / http://www.ycrc.com.tw
　E-mail　/ service@ycrc.com.tw
印　　刷 / 鼎易印刷事業股份有限公司
　I S B N　/ 978-986-298-049-1
初版一刷 / 2012 年 7 月
定　　價 / 新台幣 380 元

國家圖書館出版品預行編目（CIP）資料

社區工作方法與技巧／蔡宏進著. -- 初版. --
新北市：揚智文化, 2012.07
面； 公分.（社工叢書；37）

ISBN 978-986-298-049-1(平裝)

1.社區工作

547.4                                      101012463

# Note

# Note

# Note

# Note